虛擬主播
VTuber
[Virtual YouTuber]
Innovative Teaching Practice of Practical
實作的創新教學實踐

張美春 —— 著

論文貢獻度

本書聚焦於虛擬主播（VTuber）技術實作與創意應用的教學實踐，結合 STEAM-6E 教育模式，探索數位媒體與跨領域學習的創新教學策略。其學術與實務貢獻可從以下幾個面向探討：

教學模式創新與實踐貢獻

筆者教學多年，嘗試以突破傳統數位媒體課程的框架，將 STEAM 教育與 6E 模式（Engage 參與、Explore 探索、Explain 解釋、Engineer 建造、Enrich 深化、Evaluate 評量）有機融合，發展出適用於 VTuber 設計與創作的教學流程。透過案例研究與教學實踐，研究成果顯示此模式能有效提升學生的技術能力、創意思維與問題解決能力，為數位媒體教育領域提供可行的參考範例。此外，本研究已連續四年獲得教育部教學實踐研究計畫的支持，充分展現其在教育創新上的價值與可行性。

VTuber 教育的學科跨界應用

書中案例強調跨領域學習，整合數位藝術、動畫設計、程式開發、社群經營與行銷策略，建立完整的 VTuber 實作課程架構。透過課程設計與學生專案實踐，研究發現跨學科合作能顯著提升學習成效。例如：在「VTuber 社群媒體創作」課程中，來自不同專業背景的學生透過分工合作，加深對虛擬主播產業的理解，同時提升溝通與專案管理能力。這種學習方式不僅契合未來數位產業對跨域人才的需求，也為學術界提供數位媒體教育的新視角。

教學成效驗證與人才培育

筆者研究計畫透過教學實驗、學生學習成果分析與問卷調查，驗證 STEAM-6E 模式對 VTuber 課程的影響。研究結果顯示，此模式能有效提升學生的學習興趣、自主學習動機與專業技能。例如：在「海洋生物變身大師」案例中，學生將生物仿生學與 VTuber 設計相結合，不僅加深對海洋生態議題的關注，亦創作出具創意的角色造型。此外，學生參與國內外競賽並獲獎的案例，也進一步驗證該教學模式對人才培育的正向影響。

產學合作與業界接軌

　　筆者不僅關注學術研究，更積極促進產學合作，以提升學生的就業競爭力。透過與企業、政府機構及設計產業的合作，如暑期實習計畫、畢業展覽及新一代設計展的推動，幫助學生將學習成果轉化為實務應用，並順利進入業界。此外，本研究亦參與「VTuber 虛擬主播創作人才培訓基地」的規劃，為數位媒體產業培養具實作能力的專業人才。

推動數位媒體教育發展

　　就研究成果上，本書對 VTuber 技術教育的發展具有前瞻性意義，特別是在數位內容創作與社群媒體行銷領域的應用。隨著元宇宙技術的快速發展，虛擬角色經濟將成為數位產業的重要趨勢。本研究透過課程設計與教學實踐，提供完整的 VTuber 教育框架與學習路徑，為未來數位媒體課程的發展提供參考價值。

教學實踐的可持續性與未來展望

　　所以成果案例，不僅在短期內提升學生的技術能力與創意思維，更強調長期的學習成效與教育影響力。透過持續優化課程內容，並與最新的數位媒體趨勢接軌，未來將進一步拓展 VTuber 技術的應用範圍，例如結合 AI 驅動的虛擬角色生成、數位人技術與沉浸式媒體內容創作。此外，本研究累積的教學經驗與實踐成果，可作為其他數位設計領域的參考，促進更廣泛的教育創新。

結論

　　總結以上而言，本書在 VTuber 技術教學實踐、STEAM-6E 模式應用、跨領域學習、產學合作與數位媒體教育發展等方面均有重要貢獻，不僅提升了學生的學習效能，也為教育界與產業界提供寶貴的實踐經驗與研究成果。未來，將持續深化相關研究，推動數位媒體教育的創新發展，並培養更多具備技術與創意整合能力的數位人才。

筆者／張美春

序-推薦-學界專家 曾參加本教學實踐研究計畫諮詢專家

在當今數位時代，虛擬角色與數位內容的創新應用已成為重要趨勢，而虛擬主播（VTuber）更是將科技、藝術與社群媒體結合的典範。這項研究不僅關注 VTuber 技術的實作與應用，更融合 STEAM-6E 教育模式，為數位媒體教育開創全新學習模式，極具學術價值與實踐意義。

本書作者長期投入數位媒體教育，憑藉豐富的教學經驗與專業背景，**設計出一套系統性的 VTuber 課程，讓學生能從角色設計、動作捕捉、影片製作到社群經營，完整掌握虛擬主播所需的跨領域技能**。特別值得一提的是，作者透過四年來教育部教學實踐研究計畫的支持，成功發展出一系列創新課程，不僅提升學生的學習成效，也培育出多位優秀的數位創作者，並帶領學生在設計競賽中屢獲佳績。

本書的一大亮點在於其教學模式的創新。STEAM-6E 模式的應用，將「科學、技術、工程、藝術、數學」與「參與、探索、解釋、建造、深化、評量」六大步驟結合，形成一個完整的學習框架。這不僅幫助學生在技術實作上精進，更強調創意思維的培養，使學生能夠透過實踐學習提升問題解決能力，真正為未來的數位產業做好準備。

此外，作者在課程中引入地方創生與環境議題，例如「商圈虛擬網紅」、「職人虛擬角色聯想」、「海洋生物變身大師」、「地方文化 VTuber 商品化」課程等，讓學生將生物仿生設計融入 VTuber 角色創作，提升環保意識的同時，也為虛擬內容創作增添更多可能性。這種結合社會關懷與創新科技的教學方式，不僅展現教育的深度，更賦予數位媒體課程更豐富的文化與人文內涵。

在人才培育與產學合作方面，作者也展現了卓越的成果。透過與企業、政府機構的合作，學生得以參與業界實習，將所學應用於實際場域，進一步提升就業競爭力。同時，畢業展與新一代設計展的推動，也讓學生的創作能夠被更多人看見，開啟職業發展的更多可能。

本書不僅是一本關於 VTuber 技術與教育創新的專業論著，更是一份展現教育熱忱與創新精神的實踐記錄。我深信，本書將對數位媒體教育、虛擬角色設計以及跨領域學習的推動帶來深遠影響，並啟發更多教育者與學習者投身於這個充滿無限可能的領域。

—詹瑋（東南科技大學 通識中心 退休副教授）

序-推薦-業界專家　曾參加本教學實踐研究計畫 業界專家協同教學、諮詢專家

隨著虛擬主播（VTuber）產業快速崛起，數位內容創作已經超越了傳統影像製作的範疇，成為一門結合**技術、創意、品牌管理與商業策略**的綜合專業。多年來，我在虛擬內容產業的實務經驗讓我有機會參與這門課程的教學工作，親眼見證許多充滿熱情的學生，從無到有打造自己的 VTuber 角色，甚至邁入專業領域發展，為自己的創作夢想奠定基礎。。

這門課程的設計不僅涵蓋**角色建模、動畫技術、聲音表演、直播運營**等技術層面，更強調市場趨勢與品牌策略，真正讓學生理解「如何將創意轉化為實際產業價值」。值得一提的是，課程中強調**跨領域合作**，讓來自設計、動畫、程式開發、數位行銷等不同背景的學生，在實作專案中學習團隊協作，這正是業界最需要的人才特質。

值得一提的是，課程也相當注重競賽與實習機會。老師們積極鼓勵學生參與各類國內外競賽，學生不僅屢次得獎，更在競賽中獲得了寶貴的實戰經驗。此外，課程也與業界企業合作，提供學生實習機會，使他們能夠直接參與品牌 VTuber 的開發、社群經營與市場行銷等核心業務。這種理論與實務並重的學習模式，讓學生在畢業時就擁有進入職場的即戰力。

在人才培育方面，這門課程確實為虛擬內容產業輸送了許多具備**創新思維與實作能力的專業人才**。許多課程學生在畢業後，順利進入業界發展，有的成為知名 VTuber 製作人，有的投入數位行銷與品牌運營，甚至有學生開始經營自己的虛擬角色品牌，開創個人事業。這正是教育與產業結合的最佳典範。

如果你對 VTuber 產業、數位媒體創作或是虛擬內容經濟有興趣，書中記錄了多年來的教學成果與實務經驗，並展示如何透過系統化的學習模式，培育新世代的數位創意人才。我誠摯推薦本書給所有關心數位創意與虛擬產業發展的朋友，相信它能為你帶來新的啟發與機會！

—方晴　（虛擬網紅協會、羊咩咩整合行銷有限公司　經理　）

序-推薦-業界專家 曾參加本教學實踐研究計畫 業界專家協同教學、諮詢專家

在數位科技與虛擬實境的時代浪潮中，虛擬主播（VTuber）已躍升為一股不容忽視的創新力量，不僅重塑娛樂產業的面貌，更為品牌行銷與社群互動開創嶄新可能。本書巧妙結合 VTuber 技術與 STEAM-6E 教學法，建構出一套完整的學習體系，為數位創意人才的培育開闢新徑。

作為設計產業的資深工作者，我深知當代設計已超越純粹的視覺呈現，而是需要融合科技應用、策略思維與市場洞察的綜合藝術。本書作者憑藉深厚的教學實務經驗，成功將 VTuber 技術融入數位媒體教育的核心。在這套課程中，學生不僅能掌握角色設計、動畫製作與動作捕捉等技術要素，**更能深入理解品牌建構、內容策劃與社群經營的精髓，這正是未來創意產業的致勝關鍵。**

本書最顯著的特色在於其獨特的跨域整合教育方針。有別於傳統側重單一技能的數位設計教學，本書採用 6E 學習模式（參與、探索、解釋、建造、深化、評量），**引導學生從技術實作到創意開發的全方位成長。**書中精心設計的「商圈虛擬網紅」、「職人虛擬角色聯想」、「海洋生物變身大師」與「地方文化 VTuber 商品化」等專案，不僅培養學生的美學素養與敘事能力，更藉由仿生設計深化其環境永續意識，打造全方位的競爭實力。

更難得的是，本書緊扣產業脈動，透過與企業、政府機構及學界的密切合作，讓學生能夠參與實戰專案，將所學應用於品牌設計、社群營運與數位行銷等領域。這種產學協作模式，不僅使學生在畢業前即累積寶貴經驗，也為業界培育優質的創意人才。

身為平面設計協會的理事及好也品牌的創意總監，我認為本書的價值不僅限於設計學習者，更適合行銷企劃、影像製作、社群管理與品牌策略等領域的專業人士參考。**它不只是一本 VTuber 技術指南，更是一部探索數位創意、教育創新與設計產業未來發展的重要著作。**

在這個科技與創意交融的新紀元，本書為數位內容創作者指明方向，也為教育工作者與設計產業提供重要啟發。衷心推薦這本著作給所有關注數位創意發展的同好，讓我們一同迎接虛擬角色時代的來臨，共創設計產業的嶄新篇章！

— 鄭傑騰 （中華平面設計協會理事、好也品牌創意總監）

序-推薦-學生　曾參加本教學實踐研究計畫 課程學生

　　如今的藝術與設計文化中，VTuber 漸漸擁有屬於自己的獨特魅力。作為這門課程的參與者，我親身體驗從零開始打造一個虛擬角色，並將其帶入社群媒體與數位世界的完整過程。這不僅打破我對 VTuber 先前的既定印象，而更深入了解到數位世界的有趣與專屬於角色的生命力。

　　VTuber 創作涵蓋角色設計、動畫技術、動作捕捉、聲音表演、影片剪輯、社群經營等多元領域，運用非常多元素設計，成就一個獨一無二的角色。在這堂課程中的教學方式與一般設計課程截然不同。**老師透過 STEAM-6E 模式，讓我們在「參與、探索、解釋、建造、深化、評量」過程中**，逐步掌握這些看似複雜的專業技能，仔細學習與相互探討。

　　印象最深刻是「城市商圈虛擬網紅」這個專案，老師帶領我們探索商圈樣貌，將城市特色用在 VTuber 角色設計上。**透過創作讓角色擁有更深層的文化與意義，而不只是單純學習角色建模設計，是用心體會文化風情，讓我們擁有一雙看見美麗的眼睛，創作每個獨特風格的作品。**這樣的學習方式不僅可以提升設計能力，也對環境議題有更深刻的認識與想法，結合創意與社會關懷的課程，會讓學習變得更有意義。

　　而這門課也讓我體會到跨領域合作的重要性。VTuber 創作過程中，除了技術與創意上的提升，需要與來自不同背景的同學進行合作，例如：角色動態設計、程式開發、聲音表演等，團隊中每個人都佔據重要位置，需要相互探討發揮所長，完整成就屬於我們的作品。擁有如此實戰經驗，不僅提升所有人的專業技能，也讓我們學會在團隊中溝通、協調、合作，未來進入職場時，會是一項重要的關鍵能力。

　　此外，這門課程不只是停留在學術研究與教學實踐，而是真正與實際產業接軌。老師不只帶領我們參加競賽擴大視野，**還推動實習機會累積經驗，甚至幫助我們發展個人品牌，鼓勵並建立同學們的信心將 VTuber 角色帶入市場。**而我在這門課中學到的不只是實作技術，更是如何在這數位時代中運用創意，打造出個人特色，甚至開啟商業機會。

　　這趟學習旅程，是一場關於創新、成長與突破自我的有趣冒險。擁有熱忱的你如果對數位創作、VTuber 產業或是跨領域學習有興趣，這本書將會是你最好的入門指南。裡面擁有老師多年來教學與研究的成果，更是許多學生親身學習與成長的見證。我衷心推薦這本書給所有對數位創意有興趣的學習者，相信它能帶給你無限的啟發與收穫！

—邱慧馨（111 級東南科技大學數位媒體設計系學生）

自序-張美春

從技術實作到創意馳騁：VTuber 設計的教學實踐之旅

　　VTuber 虛擬主播的技術製作涵蓋角色造型設計、聲音與動作表演、影片製作以及節目企劃等多領域專業。**虛擬主播不僅能進行遊戲直播、歌唱、跳舞、主持與廣告節目，還實現了元宇宙的概念**，開拓了**虛擬世界的想像空間**，創造出商業機遇與學習新藍海。虛擬主播（Virtual YouTuber，簡稱 VTuber 或 VTB）以虛擬角色形象活躍於網路平台，如 YouTube 等，將科技與創意結合，開啟數位時代的全新溝通方式。

　　虛擬技術與時代需求的崛起，自 2016 年**日本虛擬主播始祖**輝夜愛（キズナアイ，Kizuna AI）****的成功，虛擬主播被定義為利用**動態捕捉技術**實現人與**虛擬角色**結合的形式，或由電腦圖形繪製的插畫風格人物創作者。數位技術的普及與元宇宙的快速發展，加之疫情帶來的數位化需求轉變，使虛擬平台成為重要的溝通橋樑，推動虛擬技術進一步發展。

　　人才培育與教學實踐的探索，2018 年，東南科技大學與產官學合作，設立「**VTuber 虛擬主播創作人才培訓基地**」，推出相關課程以培育數位媒體人才。我參與此系列活動課程，於 110 年至 113 年間，針對「VTuber虛擬角色」技術，開發一系列結合「技術實作」與「**創意跨域**」的課程，並連續 4 年獲得教育部教學實踐研究計畫通過，研究主題包括：

- 110 年：「運用 6E 模式於 STEAM 教學活動提升 VTuber 實作課程學習效能」
- 111 年：「創造思考策略融入 STEAM-6E 教學提升跨領域 VTuber 創作學習效能」
- 112 年：「STEAM 結合跨領域提升虛擬人形象設計之實作技能與學習成效」
- 113 年：「STEAM-6E 融入海洋生物以提升虛擬角色實作課程之學習成效」

　　其中，**110 年的計畫獲得「績優主持人」殊榮**，展現課程在技術實作與創意思維培養上的創新成效。

　　STEAM-6E 模式的應用與教育理念，技術實作在設計教育中強調學生對生活的觀察與探究，結合繪圖製作、機械操作等實務演練來完成學習任務。**STEAM 教育理論（科學、技術、工程、藝術及數學的跨域整合）** 融入 **6E 模式（參與、探索、解釋、建造、深化、評量）**，不僅注重學習歷程，更培養學生批判思考、創意思維與問題解決能力。這樣的教學模式為 VTuber 設計課程注入了新的活力與深度。

主題內容與方法技巧案例分享，在教學實踐中，我設計了 6 個代表性案例，探索虛擬角色技術與 STEAM-6E 模式的應用：

- **整合 STEAM-6E 模式的 VTuber 實作開發**
  研究如何利用 STEAM-6E 設計 VTuber 課程，讓數位世代的學生以趣味方式學習技術與創作。
- **跨領域合作：VTuber 社群媒體創作課程**
  探討不同學科背景的學生在 VTuber 製作中的合作與問題解決。
- **奇思妙想：虛擬角色聯想學習體驗**
  激發學生創造奇幻且合理化的虛擬角色，結合冒險精神與設計思維。
- **海洋生物變身大師：虛擬角色創作**
  將氣候變遷與海洋保護議題融入課程，啟發仿生造型設計。
- **地方創意的力量：用設計思考開發地方商品**
  帶領學生深入地方，關懷鄉土，將學習成果落實於在地創新。
- **沉浸文化：AR 虛擬角色的實作教學**
  結合地方商業需求，設計具有文化意涵的 AR 虛擬角色。

教學創新、歷程、成效與貢獻，這段教學旅程展現了從課程設計到教學創新的全貌，也收穫了豐碩成果，包括：

- 獲得研究績優獎、教學績優獎及多項教學與導師獎項；
- 帶領學生參加國內外設計競賽並屢獲佳績；
- 推動畢業展與新一代設計展，並在暑期實習中媒合學生實習；
- 完成校內教學實踐先導計畫與教育部教學實踐研究計畫；
- 為「VTuber 虛擬角色」技術教育奠定基礎，拓展設計教育的新領域。

整個歷程不僅見證了技術與創意的交融，更為虛擬技術教育開創了新篇章。

最後，感謝一路上支持與指導的學校行政團隊、共同努力的教師夥伴，以及全心投入學習與創作的學生們。這些成果的累積，來自每一位參與者的努力與貢獻，我謹在此致上最深的謝意。未來，我將繼續以創新與熱忱投入教學實踐，培育更多兼具創意與實務能力的數位人才！

目錄

壹、課程與教學設計理念及學理基礎　　01
- 一、技術實作與設計教育的融合　　04
- 二、STEAM-6E 教學模式的應用　　05
- 三、激發創造力的教學策略　　07
- 四、以生活體驗喚醒造型靈感　　08
- 五、跨域學習促進創新能力　　10
- 六、永續設計力的培養　　12
- 七、結論　　13

貳、主題內容與方法技巧案例分享　　19
- 案例一　整合 STEAM-6E 模式進行 VTuber 實作開發及教學實務研究　　22
- 案例二　跨領域體驗課程教學之初探：以 Vtuber 社群媒體創作為例　　72
- 案例三　奇思妙想—探究 STEAM 於虛擬角色之聯想學習體驗　　91
- 案例四　海洋生物變身大師：VTuber 聯想與實作　　120
- 案例五　地方創意的力量：用設計思考開發地方商品設計的教學實踐　　130
- 案例六　沉浸文化觸碰：ARCS 模式融入 AR 虛擬角色實作之教學實踐　　153

參、教學創新、歷程、成效與貢獻　　173
- 一、教學創新設計　　176
- 二、學習歷程發展　　183
- 三、教學研發成果　　188
- 四、教學推廣貢獻　　192
- 五、結論　　195

壹、課程與教學設計理念及學理基礎

Curriculum and teaching design concepts and theoretical foundations

一、技術實作與設計教育的融合

二、STEAM-6E 教學模式的應用

三、激發創造力的教學策略

四、以生活體驗喚醒造型靈感

五、跨域學習促進創新能力

六、永續設計力的培養

七、結論

前言

近年來，技專院校的技術實作教學正在快速轉型，**數位學習與實務並行的趨勢** 越發明顯。自 1997 年以來，全球技職教育領域對 **數位學習（E-learning）** 的關注日益升溫，特別是在**混成學習（Blended Learning）** 的應用與課程發展上。臺灣因應這股浪潮，推動「優化技職校院實作環境計畫」，積極構建與**產業緊密連結的實作場域**，以提升學生的技術實踐力，縮短學用落差，確保畢業生能夠**無縫接軌職場**。

在過去三至四年間，筆者參與教育部教學實踐研究計畫，專注於**「技術實作」學門的教學探索**。在教學過程中，發現學生的學習程度差異極大，學習動機時而低迷，興趣亦需適時引導。即便部分學生表現優異，能夠完成作業、參與競賽並獲獎，但其成果與實際職場所需的**技術實作能力仍存有落差**。因此，如何引導學生跨越這道**「學用落差」**的鴻溝，成為筆者教學設計的核心課題。

數位學習與技術實作的融合思考

VTuber 是**虛擬角色進行直播或錄製影片的表演方式**，涉及多種技術領域，如：**3D 建模**（Blender、VRoid Studio）、**動作捕捉與臉部追蹤**（VSeeFace、Live2D、FaceRig）、**語音處理與 AI 配音技術**（Voicemod、CoeFont）、**影像直播與合成**（OBS、NVIDIA Broadcast）等；近年來，數位內容產業對這類技術的需求日益增加，對於技職教育而言，筆者思考著**如何將這些技術融入課程並與學理基礎結合**，是提升學生職場競爭力的關鍵。為此，筆者導入 **多元教學法（Multimodal Learning）**，透過設計教育鷹架來調整，深化**「技術實作」**課程，使學生能在實作中培養創意思維，並提高解決問題的能力。

跨域教學導入虛擬主播技術製作

在課程設計上，筆者採用了 **STEAM-6E 教學模式**，將 **科學（Science）**、**技術（Technology）**、**工程（Engineering）**、**藝術（Arts）與數學（Mathematics）** 跨領域交織整合，並透過六個學習階段引導學生：**探究（Engage）**、；**體驗**

（Explore）、參與（Explain）、實作（Elaborate）、評估（Evaluate）、延伸（Extend）等學習歷程，透過這種**循序漸進的學習歷程**，學生能從不同階段理解並掌握 VTuber 創作技術，同時訓練**數位內容產業的核心技能**，如跨域整合、創意思維、影像製作與社群經營等。

多元的教學策略：創造力、跨域合作與社會責任的融合

在 VTuber 教學設計中，除了技術實作，創意啟發與主題設定是關鍵。筆者導入「**設計思考（Design Thinking）**」，幫助學生從問題導向的角度塑造 VTuber 角色，確保角色不僅具有視覺吸引力，更能與觀眾建立深層互動。研究顯示，**視覺忠實度（visual fidelity）**對 VTuber 在語言學習中的應用具有顯著影響，這進一步支持了 VTuber 在數位教育領域的潛力（Cao et al., 2024）。

在「**生活喚醒造型靈感**」小節，筆者策劃地方文化創作課程，鼓勵學生走訪社區、博物館，將日常生活元素轉化為角色設計。這與**數位身分（digital identity）塑造**的研究方向一致，學者認為 VTuber 在**個人化與跨文化溝通**中發揮了重要作用（Swenson, 2023）。在「**跨域學習促進創新能力**」小節中，筆者促進數媒系與表演藝術系的合作，數媒學生負責角色建模與動畫，表演藝術學生則參與聲音演繹與直播訓練，使 VTuber 在技術與表演層面均達到專業水準。

然而，設計不應僅迎合市場，更應關注社會議題。在「永續設計力的培養」小節中，筆者導入「氣候變遷海洋教育」，並將自然生物轉譯為 VTuber 設計靈感。使創作兼具教育與社會影響力。研究顯示，VTuber 技術能增強受眾的互動性與沉浸感，進而提高社會議題的影響力（Ferreira et al., 2022）。

這場 VTuber 教學實踐，融合創造力、跨域合作與社會責任，讓學生不僅掌握技術，更能發展獨特的創作風格，進一步在數位產業中開創自己的舞台。以下分別將「**技術實作與設計教育的融合**」、「**STEAM-6E 教學模式的應用**」、「**激發創造力的教學策略**」、「**以生活體驗喚醒造型靈感**」、「**跨域學習促進創新能力**」、「**永續設計力的培養**」等設計理念及學理基礎，進一步說明。

一、技術實作與設計教育的融合

技術實作不僅是一門技能的培養，更是一種應對產業變遷的能力。在技職教育的脈絡中，它承載著技能導向的學習模式，**強調「做中學」的精神**，使學生能夠透過反覆操作與實務演練，掌握專業技能並內化為職業素養。隨著科技的發展，人工智慧（AI）、虛擬與擴增實境（VR/AR）、物聯網（IoT）等新興技術陸續進入技術實作領域，不僅改變了學習方式，也重新塑造了產業對技術人才的需求。研究顯示，AI 在技職教育中的應用包括課程內容的數位化、智慧評量系統，以及自適應學習工具，這些**技術提升了學習效率與個人化學習體驗**（Rosyadi et al., 2023）。

然而，技職教育長期面臨學用落差與學生學習動機不足等挑戰，部分學生在學校表現優異，卻在進入職場後遭遇適應困難，**顯示產業標準與學校培養方向仍有落差**。因此，如何讓技術實作不再僅是「操作技能」的傳授，而能結合「創新思維」，成為培養未來人才的關鍵議題。有研究指出，透過 AI 技術在技術與職業教育（TVET, Technical and Vocational Education and Training）中的應用，**不僅能提升課程的靈活性，也能讓學生在數位環境中學習更貼近產業需求的內容**（Bakar & Ghafar, 2024）。

與技術實作並行的，是設計教育對創意思維與問題解決能力的強調。**設計不僅是一種視覺表達，更是一種對世界的重新詮釋與建構，透過以人為本的設計（User-Centered Design, UCD）**，探索科技如何回應人類需求。近年來，設計教育受到 STEAM 教育的影響，科學、技術、工程、藝術與數學的融合，使設計不再只是視覺表現，而是一種跨學科的思維鍛鍊。在數位時代，設計教育的範疇也不斷擴展，涵蓋沉浸式體驗設計（Immersive Experience Design），如 VTuber 角色設計、3D 建模與互動敘事等，讓學生不僅能創作靜態設計作品，更能透過動態內容進行數位敘事與媒體整合。研究顯示，**透過 VR/AR 技術與職業教育的結合，學生能夠在模擬環境中更有效地學習與操作，提升職業技能的實踐能力**（Ghosh & Ravichandran, 2024）。

技術與設計從來不是對立的兩極，而是相互支撐、共同推進的關係。技術為設計提供實踐的可能性，而設計則為技術帶來更多創新與人文價值。例如：研究

顯示，**將 AR 技術與 VTuber 設計相結合，不僅能提升觀眾的互動體驗，也能強化數位內容創作的靈活性**（Wu, 2021）。另一項研究則顯示，透過產學合作，**讓學生在真實專案中應用 AI 生成設計工具，能有效提升其解決問題的能力與市場競爭力**（Ali et al., 2024）。

在技術不斷演進的今天，教育者應思考如何進一步提升學生的設計思維與技術實踐能力，使學習不僅是對現有技術的應用，更是一場對未來可能性的探索。此外，深化產學合作模式，讓學生能在學習階段即與業界接軌，透過真實專案實作，使知識與技術不再停留於課堂，而能成為影響產業的動力。當技術與設計交融，當創新思維與實作能力並行，技職教育將不再只是技能的培養，而是一場跨領域知識與未來能力的整合鍛鍊。這正是技術實作與設計教育融合的核心價值，也是一場未來教育的新篇章。

二、STEAM-6E 教學模式的應用

在當代教育的變革浪潮中，STEAM 教育模式彷彿一座橋梁，串聯起科學（Science）、技術（Technology）、工程（Engineering）、藝術（Arts）、數學（Mathematics），開啟了一場跨領域的學習旅程。這一模式源自傳統的 STEM 教育，但當藝術（Arts）被納入其中，設計思維與創新能力的培養便成為核心，使學生不再僅是技術的操作者，而能成為創新的設計者與問題解決者。研究顯示，**STEAM 教育在促進創造力與解決問題能力方面具有顯著效果，並能提升學生對學習的興趣與自主性**（Lin et al., 2023）。

STEAM 教育的優勢在於跨學科的整合，透過實務導向的學習方式，引導學生在不同學科間進行知識遷移與創意應用。它不僅培養學生的技術能力，更強調創新思維、問題解決能力與團隊合作精神，讓學習者在實踐中深化理解，並能靈活應對未來產業變革。然而，STEAM 教育的落實並非易事，如何突破師資與資源的限制、如何設計適用於不同學科的課程架構，皆是當前教育者所面臨的挑戰。針對此問題，研究發現，透過 6E 教學模式（Engage、Explore、Explain、Elaborate、Evaluate、Extend），可以有效提升學生的學習動機與理解力，並幫助他們建立完整的學習歷程（Wu, 2019）。

在 STEAM 教學框架之下，6E 教學模式成為實踐的有效工具。這六個階段不僅構築了一條完整的學習歷程，更讓學生透過實際操作，將理論轉化為技能，深化學習體驗。**研究顯示，透過 6E 模式設計的教學活動，有助於提升學生的學習滿意度與動機。**例如：一項針對大學生的研究發現，應用 6E 模式進行物聯網（IoT）智能拐杖設計專案的學生，**顯示出更高的學習滿意度與創新能力**（Lin & Chiang, 2019）。此外，6E 模式也在不同學齡層的教育場域中展現其效果。例如：一項針對小學三年級學生的研究發現，6E 教學法能顯著提升學生的科學學習成就與創造力，**學生在學習過程中更能自主發現問題並提出解決方案**（Jongluecha & Worapun, 2022）。

值得注意的是，隨著數位科技的發展，6E 教學模式與數位科技的結合也逐漸受到重視。例如：一項研究探討了將虛擬實境（VR）技術與 6E 教學模式結合，結果發現該方法能顯著**提升學生的學習動機、創造力及學習滿意度**，尤其對於不同認知風格的學生皆有良好適應性（Lin et al., 2023）。

6E 教學模式的靈活性也使其能夠應用於不同學科。如在外語教育領域，一項研究嘗試將 6E 模式融入 CLIL（內容與語言整合學習, Content and Language Integrated Learning）教學法，發現這種結合能**有效促進學生的語言學習與批判思維能力**（Imamyartha et al., 2024）。此外，在工程教育方面，一項研究探討了如何透過 6E 模式開發 STEM 教育活動，並以「帆車動力與能量轉換」為例，發現這種模式能夠**提升學生對工程概念的理解**（Yang, 2023）。在應用層面上，6E 教學模式不僅限於傳統學術課程，還可用於創新創業教育。例如：一項研究探討了 6E 模式在創業教育中的應用，發現此模式能有效**提升學生的 STEM 態度、創業興趣與職業發展意識**（Yazıcı et al., 2023）。

總結來說，STEAM-6E 教學模式不僅提供了一個跨學科整合的學習架構，還能透過動手實作與科技應用，提升學生的學習動機、創造力與問題解決能力。無論是在大學、基礎教育、語言學習還是創新創業領域，6E 教學模式皆展現了卓越的適應性與應用價值。隨著科技的發展與教育改革的推進，未來如何更有效地運用 6E 模式，並與 AI、VR 等新興科技進行深度整合，將是教育者需要持續探索的重要課題。

三、激發創造力的教學策略

在當代設計與技術實作教育中，**創造力（Creativity）**扮演著舉足輕重的角色。它不僅是一種藝術表達方式，更是**解決問題的核心思維工具，推動著創新與突破**。無論是在產品設計、數位媒體、人工智慧領域，甚至是 VTuber 角色創作等新興產業中，**創造力皆是影響最終成果品質的關鍵因素**（Horng et al., 2005）。然而，如何在教育中有效培養創造力，使學生能夠突破既有框架，發掘獨特視角，成為技職教育不可忽視的課題。

創造力的培養並非憑藉靈感的瞬間閃現，而是需要透過精心設計的教學策略，讓學生在探索與實踐中持續深化創意思維。研究顯示，創造力與教育方法密切相關，而優秀的教師通常會採取**多元策略來提升學生的創造性表現**（Saliceti, 2015）。在這些策略中，探究式學習、設計思維、STEAM 模式與 6E 教學法的應用，皆被廣泛認為是最能促進學生創新能力的有效方式。

探究式學習（Inquiry-Based Learning, IBL）與問題導向學習（Problem-Based Learning, PBL）是培養創造力的重要策略之一。這些方法強調學生在學習過程中主動發掘問題，透過觀察、思考與實驗來解決問題，進而建立獨立思考能力。例如：一項美國的研究發現，當學生參與開放式探究活動時，他們在科學課程中的創新能力明顯提升，並能運用更靈活的方式來解決真實世界的問題（DeHaan, 2009）。這顯示，當學習由教師主導轉變為學生主動探索，能夠激發學生的創意思考與問題解決能力。

設計思維（Design Thinking）也是一種強調創造力的學習方法。透過「**發現問題、定義需求、腦力激盪、原型製作、測試與迭代**」等步驟，學生能夠透過實踐鍛鍊創意發想與解決問題的能力。例如：在設計教育課程中應用設計思維的方式，**能顯著提升學生的批判思考與創意表達能力**（Turnbull et al., 2010）。這種方法不僅適用於設計相關學科，甚至能應用於科技與工程教育，讓學生在跨領域合作中培養創造性思維。

STEAM 教學模式的發展，進一步為創造力培養提供了跨學科整合的學習框架。透過將科學（Science）、技術（Technology）、工程（Engineering）、藝術（Arts）和數學（Mathematics）結合，**STEAM 模式讓學生在不同領域的交叉碰

撞中激發創新思維。一項研究顯示，當藝術與科技被整合至課程設計中，學生的創意思維能力顯著提高，並且在學習過程中展現出更高的學習興趣（Livingston, 2010）。這顯示，透過跨學科學習，可以有效培養學生的創新能力，使他們能夠靈活應對未來的挑戰。

此外，**6E 教學模式的應用，也在創造力培養中發揮重要作用**。這一模式透過「探究（Engage）、體驗（Explore）、參與（Explain）、實驗（Elaborate）、評估（Evaluate）、延伸（Extend）」六個階段，幫助學生從初步發想到深入實踐，最終轉化為具體的創意成果。研究顯示，當 6E 模式應用於科學與工程設計課程時，學生的**創造力與學習滿意度皆有顯著提升**（Collard & Looney, 2014）。這種教學方式透過階段性學習，使學生能夠在不同學習階段獲得自我反思與發展的機會。

在國際應用層面，許多研究皆證實了創造力教學策略的有效性。例如：美國的一項研究顯示，在幼兒園至 16 歲的學生群體中，**提供自由探索與開放式問題的學習環境，有助於提升學生的創造力**（Fasko, 2001）。在歐洲，部分高等教育機構亦透過設計思維與 STEAM 進行創新創業課程的整合，結果顯示學生的創業能力與創意思維顯著提升（Morrison & Johnston, 2003）。

綜上所述，創造力的培養不僅仰賴學生的天賦或靈感，更需要透過精心設計的教學策略來引導學習。探究式學習、設計思維、STEAM 模式與 6E 教學法等方法，皆為當前教育中提升創造力的重要工具。隨著科技與跨學科學習的發展，未來的教育者需要持續探索如何在不同學科與學習環境中，靈活應用這些策略，讓學生的創造力發揮至最大化。

四、以生活體驗喚醒造型靈感

靈感從不憑空而來，而是藏匿於日常的縫隙之中，等待敏銳的觀察者去發掘。生活體驗與設計創作息息相關，透過日常觀察、文化探索與環境感知，學生能夠培養審美能力與創意思維，使設計更具生命力。當地方文化、自然景觀與社會議題轉化為創作素材，每一筆線條、每一個造型，都蘊含了深厚的故事與情感。設計靈感的來源可以來自於視覺刺激、觸覺體驗，甚至是文化記憶的傳承。例如：**許多成功的 VTuber 角色設計不僅是數位形象，更是融合了民俗文化、歷史故事**

與在地符號的文化載體（Sonneveld, 2011）。

體驗式學習（Experiential Learning） 在設計教育中扮演關鍵角色，它讓學生不僅是被動接受知識，而是透過自身經驗建構新知識，進而轉化為創作靈感。根據 Kolb（2014）的學習循環理論，創意思維的養成需要歷經「**具體經驗（Concrete Experience）→ 反思觀察（Reflective Observation）→ 抽象概念（Abstract Conceptualization）→ 主動實驗（Active Experimentation）**」的過程（Kolb, 2014）。這一模式適用於設計教育，因為設計師的靈感往往來自於自身的感知與體驗，並經由反思內化，最終轉化為創新的造型表現。

Parisi 等人（2017）提出「**材質探索」（Material Tinkering）概念**，強調設計學生應透過不同材質的觸覺體驗來啟發造型靈感。例如：布料的肌理可能影響服裝設計，而木雕或石雕則可能啟發角色細節的塑造（Parisi et al., 2017）。這一研究顯示，透過材料探索與實驗，學生能更直接地理解不同媒材對於造型設計的影響，進一步深化其設計語彙。

文化記憶與地方特色也是靈感的重要來源。 Gonçalves 等人（2014）的研究顯示，設計學生在進行靈感發想時，**往往會依賴文化符號與故事元素來賦予作品更深層的意義**（Gonçalves et al., 2014）。這說明，當學生能夠深入探索文化資產，如傳統服飾、建築風格或民間傳說，他們的設計更能承載在地文化，賦予作品更多情感與價值。

因此，如在台灣的設計教育中，田野調查與資料蒐集被廣泛應用於角色設計課程。學生可透過走訪社區，觀察地方建築、服飾紋樣與歷史遺跡，將這些元素轉化為角色設計中的符號，**使作品不僅具有視覺吸引力，也能傳遞在地文化的故事**（Dazkir et al., 2013）。此外，沉浸式學習（Immersive Learning）亦能幫助學生將文化體驗轉化為設計靈感。López & Persa（2024）探討了大自然對於學習過程的影響，**發現當學生能夠親身體驗自然景觀**，如森林、河流與山脈，他們在設計中更**容易融入仿生學（Biomimicry）概念**，以自然形態為靈感創作出具獨特風格的作品（López & Persa, 2024）。

設計靈感並不僅限於視覺刺激，也可以透過跨領域合作來激發更多可能性。Bruder（2011）在研究中指出，當設計師與戲劇、攝影或科技領域的專業人士合作時，**能夠透過不同視角啟發靈感，使角色設計更具層次感與敘事性**（Bruder,

2011）。例如：在 VTuber 角色設計的過程中，透過與編劇或舞台劇導演合作，能夠**強化角色的故事背景與個性，使其更具感染力與情感深度。**

　　Dazkir 等人（2013）研究了設計學生在不同靈感來源下的創作過程，發現當教師指導學生使用特定的靈感素材（如歷史圖像、建築結構或藝術風格）時，**學生的創作表現會有所不同**（Dazkir et al., 2013）。這意味著，透過精心設計的靈感觸發方式，教育者可以幫助學生拓展視野，打破既有框架，培養更豐富的創意思維。

　　透過生活體驗喚醒造型靈感，已成為設計教育中不可或缺的一環。體驗式學習讓學生能夠透過自身感知與探索，內化視覺、觸覺與文化資訊，並轉化為獨特的設計風格。無論是透過材料探索、文化田野調查、沉浸式學習，還是跨領域合作，這些方法皆能幫助學生培養更敏銳的設計思維，使作品不僅是視覺呈現，更能傳遞文化與情感價值。未來的設計教育應更強調生活體驗的重要性，使學生能夠在真實世界中汲取靈感，創造出具有生命力的作品。

五、跨域學習促進創新能力

　　知識不應被侷限於單一學科，而應如河流匯入大海，在不同領域的交會處激盪出嶄新的可能性。**跨領域學習（Interdisciplinary Learning）**正是當代教育的一大趨勢，透過整合科技、藝術、設計、商業等多元學科，**讓學生在碰撞與合作中培養創新能力與問題解決能力**。研究顯示，跨領域學習不僅能夠**提升學生的創造力**，還能加強其對**知識的整合與應用能力**，使他們在面對**複雜問題**時更具**彈性**（Berasategi et al., 2020）。

　　隨著科技的快速發展，跨領域學習的模式已從傳統的學科融合，進一步發展成為具有產學合作、科技應用與專題導向學習（PBL）等特點的創新教育模式。其中，STEAM 教育模式便是跨學科學習的重要代表，它將科學（Science）、技術（Technology）、工程（Engineering）、藝術（Arts）、數學（Mathematics）融合，讓學習不再受限於單一專業，而能透過跨學科整合提升學生的創造力與應變能力（Eugenijus, 2023）。

　　在大學教育領域，一項研究顯示，透過跨領域學習課程，學生能夠在專案設計過程中整合來自不同學科的知識，並透過實作強化創新能力。例如：德國的一

項縱向研究發現，與單一學科學習相比，**參與跨領域學習的學生在創新能力與問題解決能力方面有顯著提升**（Braßler & Schultze, 2021）。理論與實務之間的鴻溝，透過產學合作得以縮小。產學合作模式強調讓學生參與業界專案，使不同領域的知識能在真實場景中交融，培養即戰力。一項針對高等教育的研究顯示，參與產學合作計畫的學生不僅**提升了創新能力**，也**增強了團隊合作與市場應變能力**（Li, 2023）。

例如：在設計與工程學科的交會點，VTuber 角色設計與動作捕捉技術的結合便是一個典型案例。透過 AI 與 VR/AR 技術的發展，角色設計師不僅需具備藝術與設計技能，還需要理解程式開發與機械學習的應用，才能創造出更具沉浸感的數位角色。在這樣的產學合作專案中，**學生能夠學習如何在多學科環境中協作，並將技術應用於實際市場需求**（Kezar & Elrod, 2012）。

為了有效推動跨領域學習，教育者開始採用多種創新教學策略，例如：**專題導向學習（Project-Based Learning, PBL）、雙導師制度（Co-Teaching）與沉浸式學習（Immersive Learning），以提升學生的學習體驗與創新能力**。專題導向學習（PBL）是目前應用最廣泛的跨學科學習策略之一。透過專案合作，學生能夠運用不同專業知識共同創作，例如在 VTuber 角色設計專案中，動畫設計、程式開發與互動技術的結合，讓學生培養跨學科整合能力（Kidron & Kali, 2015）。

雙導師制度（Co-Teaching）則是另一種有效的跨學科學習策略，透過不同學科的教師共同授課，學生能夠同時吸收來自不同領域的專業知識，並在課堂上獲取多元視角。一項針對大學課程的研究發現，當學生在課堂上同時接受**設計與科技領域的教學時，他們的創新表現與問題解決能力顯著提升**（Chen & Lei, 2019）。此外，沉浸式學習（Immersive Learning）也在跨學科教育中發揮了重要作用，透過 VR/AR 等技術，學生能夠在虛擬環境中進行多感官學習。例如：在環保教育課程中，學生透過 **AR 技術進入虛擬海洋世界，並設計 VTuber 角色來推廣生態保護**，這不僅提升了學習的趣味性，也讓學生能夠更直觀地理解環境議題（Ivanitskaya et al., 2002）。

跨領域學習已成為培養創新能力的關鍵途徑，無論是在高等教育、STEAM 教育模式、產學合作，或是 AI 與 VR/AR 技術應用的背景下，跨學科整合皆能為學生帶來更豐富的學習體驗。研究顯示，透過專題導向學習、雙導師制度與沉浸式學習等策略，學生不僅能夠提升知識整合能力，也能在真實世界的挑戰中發揮

創新潛力。未來，隨著科技的不斷進步與學科邊界的持續模糊化，跨領域學習將成為教育發展的核心方向。

六、虛擬主播與永續設計的結合

隨著數位媒體的發展，**VTuber（Virtual YouTuber）** 不僅成為數位娛樂與品牌行銷的重要工具，也在設計與教育領域展現出與 **永續設計（Sustainable Design）** 結合的潛力。透過 **AR/VR 技術、AI 運算與低碳數位創作方法**，VTuber 不僅可以降低實體資源消耗，還能成為環境保護、社會議題推廣與永續教育的創新載體（Cao et al., 2024）。

VTuber 如何結合永續設計，**1. 降低碳足跡與數位永續發展**，VTuber 角色的創作完全依賴數位媒體，能夠減少 **實體拍攝、佈景搭建與印刷行銷材料的碳排放**。相比傳統內容創作，VTuber 使用 **AI 生成動畫、雲端運算渲染**，能夠在不影響視覺品質的情況下降低能源消耗（Kaswan et al., 2024）。此外，數位 **VTuber 取代真人影像錄製**，不僅降低了演員出行與拍攝活動所產生的碳足跡，還能使品牌運營更具環保效益。例如：國內外許多品牌已開始採用 VTuber 作為數位代言人，減少傳統廣告對環境的影響（Kim & Suh, 2024）。

推廣環境教育與綠色議題，VTuber 角色可以作為 **環保教育大使**，透過擬人化角色與互動內容，提升大眾對 **永續發展** 的認識。例如：設計專門講解 **循環經濟** 的 VTuber，透過 **直播、短片或 AR 互動體驗**，向觀眾介紹 **可回收材料、低碳消費、廢棄物管理** 等議題（Khanal, 2024）。一項研究顯示，VTuber 參與 **數位文化保護** 也有助於永續發展。例如：印尼的 **數位皮影戲（Digital Wayang）** 將 VTuber 融入傳統藝術表演，使古老文化得以透過 **虛擬角色與直播** 向年輕世代推廣（Hermawan et al., 2024）。**數位服裝與低碳時尚**，VTuber 角色的服裝設計可採用 **數位時尚（Digital Fashion）**，減少傳統服飾設計所需的 **布料浪費與碳排放**。時尚品牌可以與 VTuber 合作，推出虛擬服裝，讓觀眾可在 **數位空間試穿**，而無需實際製造大量衣物，從而減少時尚產業對環境的影響（Zhao, 2022）。

VTuber 永續設計在教學實踐的應用，**1. STEAM 教學與數位創作**，在 **設計學校**，可透過 **專案導向學習（PBL）**，讓學生使用 **Blender、Unity、Live2D** 等工具

設計具**環保意識的 VTuber 角色**。例如：學生可設計 VTuber **介紹不同地區的環保政策**，並透過 **AR 互動** 讓使用者體驗 **低碳生活方式**（Raymond, 2023）。透過**跨學科合作**，學生可以結合**動畫設計、程式開發、社會議題研究**，創造出具有 **社會影響力** 的 VTuber 角色。這樣的教育模式能夠提升 **創新思維**，並讓學生在創作過程中理解 **永續發展的價值**（Lee et al., 2024）。

2. VR/AR 沉浸式學習，學生可使用 **VR/AR 技術**，讓 VTuber 角色帶領觀眾進入 **模擬的環境**，例如：**虛擬海洋垃圾場**：讓使用者了解 **塑膠污染的影響**，並探討如何利用設計來改善環境問題。**永續城市建設模擬**：透過 **AR 互動** 讓學生體驗 **智慧建築、綠色能源管理** 等概念（Chen, 2023）。

VTuber 角色與永續設計的結合，為數位娛樂、教育與環保推廣提供了嶄新可能性。透過 **低碳數位創作、環保議題推廣與 VR/AR 沉浸式學習**，VTuber 不僅能成為創新的內容載體，更能在 **設計教育與社會影響力** 上發揮 **永續價值**。未來，隨著 **區塊鏈、AI 與 元宇宙（Metaverse）**的發展，VTuber **將能進一步與永續設計整合**，為環保產業、教育機構與文化保存領域帶來更多創新應用。

七、結論：虛擬主播教學及未來發展

隨著數位技術的迅速發展，VTuber（Virtual YouTuber）從最初的娛樂應用逐漸擴展至教育、品牌行銷與社會議題推廣等多個領域。在教學環境中，VTuber 不僅能提升學習的互動性，也能透過數位技術降低碳足跡，推動更具永續性的數位教育模式。未來，隨著 **人工智慧（AI）、虛擬實境（VR）、擴增實境（AR）** 等技術的進一步發展，VTuber 將在教學應用中扮演更關鍵的角色，並改變傳統的學習方式。

首先，**個人化學習體驗將成為未來 VTuber 教學的核心發展方向**。透過 AI 技術，VTuber 可以根據學生的學習習慣與進度調整教學內容，形成適應性學習系統。例如：語言學習 VTuber 可根據學習者的發音錯誤提供即時回饋，而數學教學 VTuber 則能透過 AI 演算推薦適合學生程度的題目與解題策略。這種互動式學習能夠提升學生的參與度，並縮短知識吸收的時間（Mohammad & Maulidiyah, 2023）。

其次，**VR/AR 技術的發展將進一步提升 VTuber 在沉浸式教學中的應用**。未來的 VTuber 不僅能夠以 2D 直播形式呈現，更能透過 3D VTuber 虛擬導覽，帶領學生進入虛擬博物館、歷史場景或生態環境。例如：在環保教育課程中，學生可以透過 VR 進入模擬的森林或海洋，直觀感受氣候變遷或塑膠污染的影響，使學習更加深刻且具體（Raymond, 2023）。

此外，**VTuber 在跨學科教學中的應用也將持續擴展**。目前，許多學校已經開始透過 VTuber 進行 STEAM（科學、技術、工程、藝術、數學）教育，未來這一趨勢將更加明顯。例如：學生可以透過 PBL（專案導向學習）方式設計一個以環保為主題的 VTuber 角色，並讓其在虛擬世界中推廣循環經濟、低碳生活等概念。這種跨學科的學習方式不僅提升了學生的創新思維，也讓學習內容更貼近實際應用（Lee et al., 2024）。

最後，**VTuber 在教學中的發展將與元宇宙（Metaverse）概念緊密結合**。隨著虛擬世界的建立，學生可以在數位環境中與 VTuber 進行互動，甚至參與 AI 驅動的學習社群。這種虛擬教育空間不僅能突破傳統教室的限制，還能讓學生透過多感官體驗學習不同領域的知識（Chen, 2023）。

綜合來看，VTuber 的未來發展將進一步深化個人化學習、沉浸式教學、跨學科應用與元宇宙教育的整合。隨著數位技術的成熟，VTuber 將不僅是虛擬娛樂的代表，更會成為教育領域的重要推動力，使學習更加靈活、高效且具永續價值。

參考文獻

Ali, T. M. A., Ahmed, A. A., & Alsharif, A. (2024). Improving the Educational Process in Technical and Vocational Education Using Artificial Intelligence: Innovative Strategies and Tools. *(AAJSR)*, 796-707.

Bakar, M. H. A., Ghafar, N. H. M., & Abdullah, F. (2024). Exploring the Integration of Artificial Intelligence in Technical and Vocational Education and Training (TVET): Applications, Benefits, Challenges, and Future Prospects. *Borneo Engineering & Advanced Multidisciplinary International Journal, 3*(Special Issue (ICo-ASCNITech 2024)), 57-63.

Berasategi, N., Aróstegui, I., Jaureguizar, J., Aizpurua, A., Guerra, N., & Arribillaga-Iriarte, A. (2020). Interdisciplinary learning at University: Assessment of an interdisciplinary experience based on the case study methodology. *Sustainability, 12*(18), 7732.

Braßler, M., & Schultze, M. (2021). Students' innovation in education for sustainable development—a longitudinal study on interdisciplinary vs. Monodisciplinary learning. Sustainability, 13(3), 1322.

Cao, X., Tong, W., Ono, K., & Watanebe, M. (2024). Evaluating the Role of Visual Fidelity in Digital Vtubers on Mandarin Chinese Character Learning.

Collard, P., & Looney, J. (2014). Nurturing creativity in education. *European Journal of Education, 49*(3), 348-364.

DeHaan, R. L. (2009). Teaching creativity and inventive problem solving in science. *CBE—Life Sciences Education, 8*(3), 172-181.

Eugenijus, L. (2023). Integrating blended learning and STEM education: Innovative approaches to promote interdisciplinary learning. *Research and Advances in Education, 2*(9), 20-36.

Fasko, D. (2001). Education and creativity. *Creativity research journal, 13*(3-4), 317-327.

Ferreira, J. C. V., Regis, R. D. D., Gonçalves, P., Diniz, G. R., & Tavares, V. P. D. S. C. (2022, October). VTuber concept review: The new frontier of virtual entertainment. In *Proceedings of the 24th Symposium on Virtual and Augmented Reality* (pp. 83-96).

Ghosh, L., & Ravichandran, R. (2024). Emerging Technologies in Vocational Education and Training. *Journal of Digital Learning and Education, 4*(1), 41-49.

Hermawan, H., Subarkah, P., Utomo, A. T., Ilham, F., & Saputra, D. I. S. (2024). VTuber Personas in Digital Wayang: A Review of Innovative Cultural Promotion for Indonesian Heritage. *Jurnal Pilar Nusa Mandiri, 20*(2), 165-175.

Jongluecha, P., & Worapun, W. (2022). Developing grade 3 student science learning achievement and scientific creativity using the 6E model in STEAM education. *Journal of Educational Issues, 8*(2), 142-151.

Kaswan, K. S., Dhatterwal, J. S., Ojha, R. P., Balusamy, B., & Gangadevi, E. (2024). AI-Based AR/VR Models in Biomedical Sustainable Industry 4.0. *Computational Intelligence in Bioprinting*, 53-78.

Khanal, K. (2024). Crafting Sustainable Brand Narratives Through Immersive Technologies: The Role of Virtual Reality (VR) and Augmented Reality (AR). In *Compelling Storytelling Narratives for Sustainable Branding* (pp. 134-144). IGI Global.

Kolb, D. A. (2014). *Experiential learning: Experience as the source of learning and development*. FT press.

Lin, C. L., & Chiang, J. K. (2019). Using 6E model in STEAM teaching activities to improve university students' learning satisfaction: A case of development seniors IoT smart cane creative design. *Journal of Internet Technology*, *20*(7), 2109-2116.

Lin, Y. H., Lin, H. C. K., Wang, T. H., & Wu, C. H. (2023). Integrating the STEAM-6E model with virtual reality instruction: The contribution to motivation, effectiveness, satisfaction, and Creativity of Learners with Diverse Cognitive styles. *Sustainability*, *15*(7), 6269.

Livingston, L. (2010). Teaching creativity in higher education. *Arts education policy review*, *111*(2), 59-62.

López, M., & Persa, M. (2024). Nature as Inspiration in Learning Processes. In *Biology, Biomimetics and Natural Design: Innovative Technologies and Sustainable Materials* (pp. 101-125). Cham: Springer Nature Switzerland. Morrison, A., & Johnston, B. (2003). Personal creativity for entrepreneurship: Teaching and learning strategies.

Parisi, S., Rognoli, V., & Sonneveld, M. (2017). Material Tinkering. An inspirational approach for experiential learning and envisioning in product design education. *The Design Journal*, *20*(sup1), S1167-S1184.

Rosyadi, M. I., Kustiawan, I., Tetehfio, E. O., & Joshua, Q. (2023). The Role of AI In Vocational Education: A Systematic Literature Review. *Journal of Vocational Education Studies*, *6*(2), 244-263.

Seechaliao, T. (2017). Instructional strategies to support creativity and innovation in education. *Journal of education and learning*, *6*(4), 201-208.

Shang, S., & Geng, S. (2024). Incidental learning in EFL learners' vocabulary accumulation: the lens of dual process theory. *Library Hi Tech*.

Swenson, A. (2023). Teaching digital identity: opportunities, challenges, and ethical considerations for avatar creation in educational settings. *Brazilian Creative Industries Journal*, *3*(2), 41-58.

Turnbull, M., Littlejohn, A., & Allan, M. (2010). Creativity and collaborative learning and teaching strategies in the design disciplines. *Industry and Higher Education*, *24*(2),

127-133.

Wu, C. H. (2019). The Design of 6E Model for STEAM Game Development. *International Journal of e-Education, e-Business, e-Management and e-Learning*, *9*(3), 212-219.

Wu, X. (2021, April). Application of artificial intelligence in modern vocational education technology. In *Journal of Physics: Conference Series* (Vol. 1881, No. 3, p. 032074). IOP Publishing.

Zhao, X. (2022). *Virtual Fashion Influencers: towards a more sustainable consumer behaviour of Generation Z?* (Master's thesis).

貳、主題內容與方法技巧案例分享
Theme content and case studies of methods and techniques

案例一　整合 STEAM-6E 模式進行 VTuber 實作開發及教學實務研究

案例二　跨領域體驗課程教學之初探：以 Vtuber 社群媒體創作為例

案例三　奇思妙想—探究 STEAM 於虛擬角色之聯想學習體驗

案例四　海洋生物變身大師：VTuber 聯想與實作

案例五　地方創意的力量：用設計思考開發地方商品設計的教學實踐

案例六　沉浸文化觸碰：ARCS 模式融入 AR 虛擬角色實作之教學實踐

虛擬主播 VTuber 實作的創新教學實踐

隨著短影音平台與直播的興起，虛擬主播（VTuber）應運而生，透過繪畫、3D 建模結合動作捕捉技術，並搭配人工智慧的運算支援，逐步構築起一場虛擬與現實交融的視覺饗宴。技職體系因應數位轉型的浪潮，紛紛開啟相關課程的研發，而本書正是基於筆者近年獲教育部核准之教學實踐研究計畫，將累積的經驗與研究成果匯聚成冊，串聯六篇學術論文，構築一場關於「**虛擬主播 VTuber**」的教育實踐之旅。

書中內容立基於筆者所服務之學校數位媒體設計系，涵蓋經典設計專案研究、視覺傳達設計、角色設計與廣告設計等核心課程。**透過田野調查、課程實踐、數據蒐集與成果彙整，探索 VTuber 技術實作教學的可能性**，進而培養學生的數位內容設計能力，推動數位雙生技術的養成，並深化 AI 協作素養。同時，**課程更延伸至地方創生與文化關懷，結合環境意識**，讓技術不僅止於螢幕之間，更能與土地脈絡產生共鳴。

這六篇論文皆以 **VTuber 角色商品行銷**之課程實踐為核心，參與學生主要來自創新設計學院數媒系，並跨足創新設計學院創意產品設計系、室內設計系、數位遊戲設計系、觀餐休閒與管理學院餐旅管理系、休閒事業管理系、應用英語系、表演藝術系、工程與電資學院機械工程系、電子工程系、電機工程系等，匯聚不同領域的專業視角，形成一場多維度的學術對話與創意交鋒。在課程設計上，**教師群共同協作，從課綱擬定、教材撰寫、道具製作到數位教材錄製**，每一環節皆力求貼近產業實務，讓學生在實作中淬煉技藝，感受 VTuber 世界的無限可能。

虛擬主播的誕生，需經歷角色造型設計、節目分鏡腳本撰寫、直播聲音錄製、動作捕捉與影音剪輯等層層淬鍊，才能最終化為一場精采絕倫的視覺盛宴。這樣的技術養成，不僅能應用於 VTuber 直播，亦能擴展至廣告行銷、教育節目、旅遊導覽等多元領域，為數位內容創作開啟嶄新視野。

本書內容分為六大案例，各自映照不同的教學實踐與理論思考：

案例一：「**整合 STEAM-6E 模式進行 VTuber 實作開發及教學實務研究**」—透過 STEAM-6E 模式深化學習內涵，擴展應用廣度。

案例二：「**跨領域體驗課程教學之初探—以 VTuber 社群媒體創作為例**」—探討異質學科間的交互影響，培養跨領域整合能力。

案例三：「**奇思妙想—探究 STEAM 於虛擬角色之聯想學習體驗**」—以聯想學習激發創意思維，提升角色塑造能力。

案例四：「海洋生物變身大師—VTuber 聯想與實作」—結合海洋生態議題，探索科技與自然共融的可能性。

案例五：「地方創意的力量—用設計思考開發地方商品設計的**教學實踐**」—從地方文化出發，運用設計思考開創創意商品。

案例六：「沉浸文化觸碰—ARCS 模式融入 AR 虛擬角色實作之教學實踐」—運用 ARCS 動機模式，提升學習動力與沉浸體驗。

　　這六個案例，從不同層面解析 VTuber 技術教學的實踐歷程，融合數位內容製作、社群媒體經營、創意思維養成與文化深耕，讓學生不僅擁有技術力，更能跨越學科藩籬，創造出嶄新的數位敘事方式。

　　本書的誕生，不僅是對技術教育的一次梳理與思考，更是對未來數位內容創作模式的探索與展望。透過不斷的教學實踐與研究發表，筆者期待與更多教育者交流，共同精進，讓 VTuber 教學在未來的教育場域中幫助學習與實務應用。

Case 1-案例一

整合 STEAM-6E 模式進行 VTuber 實作開發及教學實務研究

Integrate the STEAM-6E model to conduct VTuber implementation development and teaching practice research

本篇文章已刊登於「大學教學實務與研究學刊」(國立清華大學)

2024,7(2) ISSN：2519-6499

獲「110 年度大專校院教學實踐研究計畫-

運用 6E 模式於 STEAM 教學活動提升 Vtuber 實作課程學習效能」補助

並獲得 110 年教育部教學實踐研究計畫([專案]技術實作)績優主持人

經匿名審查通過

整合STEAM-6E模式進行VTuber實作及教學實務研究

張美春*

摘要

本教案課程以運用6E模式於STEAM教學，來探討VTuber實作課程學習的實踐。本研究採用問卷調查法、訪談法與個案研究法，研究對象為研究者任職學校數位媒體設計系三年級學生，因應著該系設立VTuber創作人才培訓基地之設備成果，結合業界專業教師合作課程之擬定與教學。VTuber實作含有：角色3D建模製作、角色動態設定、說話聲音表現、數位影音跨域之整合製作；研究以階段一「臺灣商圈篇」、階段二「元宇宙虛擬角色」為創作主題，小組採專題式進行企劃、角色造型創作、動作聲音表演到說唱直播影片製作。本研究蒐集學生的活動心得紀錄、問卷調查、個人作業、小組作品及報告與回饋意見，以及教師觀察教學紀錄等據以撰寫成果。研究結果顯示：(1) 6E模式於STEAM教學有助於發展跨領域VTuber實作；(2) 科技融入有助於統整STEAM課程於VTuber學習與創新應用；(3) 小組合作學習與專題任務設計有助於創意思考和問題解決；(4) 透過小組專題式的學習，可以增進同儕溝通能力、問題的解決力，以及3D設計信心和興趣。最後，本研究為未來高等教育創新提供不同的實作教學或跨領域的可行方案。

關鍵詞：6E模式、STEAM、VTuber實作、專題式導向學習、跨領域學習

DOI：10.6870/JTPRHE.202412_8(2).0003
投稿日期：2023年4月29日，2023年11月23日修改完畢，2024年1月11日通過採用
* 張美春，東南科技大學數位媒體設計系助理教授，E-mail: sprinachang@gmail.com

壹、前言

就本研究課程教案的發想背景來說，技職校院是培育各項經濟建設人才的搖籃，首重於技術實作能力的培養，讓學生可配合產業脈動及社會需求，透過課程規劃、教學活動及實務經驗之師資授課，以達適性學習的發展，且於畢業後能快速與產業接軌，成為各級各類應用型專業人才。事實上，技職人才的養成是需要許多心力經營的，因為大部分就讀技職校院的學生，都是對讀書興趣缺乏，然而，就研究者的教學現場觀察，影響其學習動機背後有不少的因素。學生來到教室並渴望學習，他們最大需求就是學到「東西」，這也成為本計畫的動機；此外，讓學生學到如何操作、如何學會使用及進行思考，也就是嘗試以「做、用、想」的教學理念，結合跨學科、跨領域整合知識的概念，不單是某種主題的學科知識，而是實際可以運用在未來職場上。研究者教學至今已經十多年，由於研究者任職學校之數位媒體設計系（以下簡稱數媒系）近年來著重於VTuber虛擬主播的培訓計畫，以「經典設計專案研究」課程之「VTuber角色設計」為主題，從創意發想、角色企劃、3D建模設計、角色動作表演、數位內容製作到多媒體平臺形式展現，讓學習者學習VTuber創作與企劃的整合能力。

就問題意識及重要性之層面（如圖1）而言，研究者在教學現場發現，技職學生比較喜歡實作課程，對於講述理論課程則興趣缺乏；看到許多文字或英文的文章就會排斥，甚至無法專注；對於複雜軟體操作也感到擔心。然而，當課程給予實作任務時，學生的學習則傾向於專心、任務導向來完成；實作課程應是藉由「探究」和「實作」（inquiry and practice），培養學生設計能力及實現創作的機會，但在傳統課程教學中，則讓學生不斷地畫圖，有時忽略其技術與方法，以及表達其創作過程的思考與解釋；此外，學生即使創作技巧不錯，畫得好、又畫得快，卻又常常說不出其內容。以上之現況敘述，一直是所有技職學生的通病，也成為本研究探討的內容。

圖1 VTuber數位媒體教學執行的現況和問題

　　科技大學數媒系學生多來自於高職多媒體設計科，其課程各有不同特色，涵蓋著：動畫影音、影視傳播、視覺傳達及遊戲設計等等。因應數位轉型與VTuber虛擬網紅（VTuber是Virtual Youtuber的簡稱，就是使用人體動態捕捉器，結合虛擬形象與真實人物，進而與粉絲互動的角色，亦有Virtual Steamer〔虛擬實況主〕、Vsinger〔虛擬歌手〕、Vliver〔虛擬直播主〕等別稱）的興起，數媒系課程常加入VR擴增實境、AR虛擬實境、直播及動作捕捉等技術來吸引年輕人學習；此外，因應業界期望學生具有虛擬角色創作能力，可以對接職場接案，故將VTuber納入課程規劃中，探討虛擬角色之企劃、腳本、動作、聲音、影片等整合教學。

　　在課程影響及應用的層面上，數媒系的專業課程多以電腦技能為主，較少「動手做」、「多思考」的訓練，再加上傳統技職體制下的教學方式，學生易呈現制約式地完成作業，除了較無法順應科技時代的浪潮，相較於3C時代成長的學生，個性與口語表達都傾向保守。另外，技職院校普遍以各系學生學習該系專業學科為主，很少進行跨領域教學合作，即使是專業課程，也很少納入跨領域教師合作教學。而VTuber實作課程則需要不同學科教師共同參與，期望藉此主題的特殊性，能讓學生有不同的思維與視野，多些跨域、挑戰和勇氣，並加上擴充實作能力與溝通合作的訓練，以提升學生的融會貫通與整合能力。

　　本課程主要以科技與設計教育為主，必須運用科技教育創新教學方法，跨領域STEAM教學法正好適用於本課程。STEAM利用科學

（science）、技術（technology）、工程（egineering）、藝術（arts）及數學（mathematics）來指導學生的批判性思維、對話和探究（Gruzova & Zakharchuk, 2022），主要是打破學科界限、跨學科、跨領域、相互整合的一種教育模式，其教育的精神在於鼓勵學生動手做、培養學生設計與實作能力、引導學生主動探索知識、加強團隊合作溝通，以及提升實作能力與問題解決能力；而科技工程取向的6E模式（參與〔engage〕、探索〔explore〕、解釋〔explain〕、工程設計〔engineer〕、豐富〔enrich〕和評估〔evaluate〕）是一個以學習週期的教學模式，適用於教師教學的課程規劃，來幫助學生探索科學概念的學習歷程，與STEAM教育結合最為合適（畢瑛潔等人，2018）。。

本課程希望藉由6E模式結合STEAM、實作、實務教學的設計與實施，來解決上述問題。研究目的探討計有：運用STEAM-6E教學導入課程之實施的問題與解決方法，以及實施後學生的實作能力表現情形、學習心得與成效等，盼能藉此教學實踐研究計畫，增進學生善用跨領域整合各學科知識的能力，並且更積極投入設計實作的行列，提前為進入職場狀態來裝備，以縮短學習與運用的落差。

貳、教學理念與特色

本課程為依據數位內容設計與技術實作的實踐與應用，教學模式以實際職場上問題解決為出發點，以「VTuber實作開發」為主題，進行參與、探索企劃、概念發想、設計繪製、媒體實作與情境場域實踐，讓學生在學習數位內容設計有更完整的學習與訓練。而STEAM-6E模式則符合以人為本的精神，6E教學模式可用來強化STEAM教學的思考與探索，進而在利用Maker實作過程中，透過STEAM的內涵以展現出學生的自我學習能力。因此，本課程運用實際職場上情境與問題，從實際的VTuber實作企劃、設計、3D建模到媒體表演之教學流程中，透過課堂知識與技能的整合，引導學生從實作中學習跨領域技術、團隊合作與創新實踐等，其包含：角色繪製、3D建模、直播聲音表演、動補技術、影片剪輯，培養兼備人文素養與問題解決能力。

本課程設計以「瞭解數位媒體的創新與實踐應用」為教學目標，從

學習者的觀點出發，以「VTuber實作開發」與STEAM-6E的教學模式作為教學內容之結合，聚焦於「臺灣商圈與元宇宙」之概念價值：臺灣商圈VTuber角色篇以在地歷史文化作為結合，而元宇宙VTuber角色篇則以未來虛擬情境進行創意發想，其主題發展皆可讓學生進行VTuber虛擬主播角色實作開發培訓。

本課程的特色為強調「以人為本」的實作技術養成，從實地投入探索、思維模式的改變，到情境體驗中體驗「做中學，學中做」，將課程的理論與實務進行整合與應用，把應達到的知識、技能和態度融入到專題教學之中。透過總共兩階段、八個單元內容的課程活動，引導學生經歷內容發想、構思企劃、角色3D建模、直播聲音表演、情境模擬、問題解決、實際運作、作品修正與評量等學習週期，產生出VTuber虛擬主播數位內容相關加值應用，如：臺灣商圈VTuber角色造型設計、情境圖設計、VTuber一問一答媒體影片、VTuber音樂跳舞影片等。透過整合性的課程設計與規劃，能夠將數位媒體所具備的媒體科技技術、人文社會科學跨域應用的技能與知識，以專題形式應用與實踐，豐富與加值數位內容實作技術知識體系，培養學生成為兼具實作創作與資訊素養的數位內容相關專業人才。

一、STEAM跨領域整合教學

面對人工智慧（artificial intelligence, AI）時代來臨，許多國家致力於教育改革之進行，以培養學生整合不同學科知識為重要的宗旨，特別是藉由實作過程去面對問題的解決，以避免被機器人取代。20世紀90年代的美國發展了一套由科學、科技、工程及數學等四個學科整合而成的STEM教育，STEM整合式教學之所以受到重視，原因是傳統的科學與數學教育常因僅著重在知識的描述，而缺乏提供學生應用這些知識，來解決日常生活中所面臨問題的機會（Johnson, 1989）。STEM亦即STEAM教育的前身，就是將科學、科技、工程與數學知識與技能整合在一起（圖2），經由專題式學習模式，培養出學生對於生活情境問題進行解決的能力，協助學生透過工程設計及科學探究的歷程，將自身之概念性或程序性的知識加以整合（Kelley, 2010）。

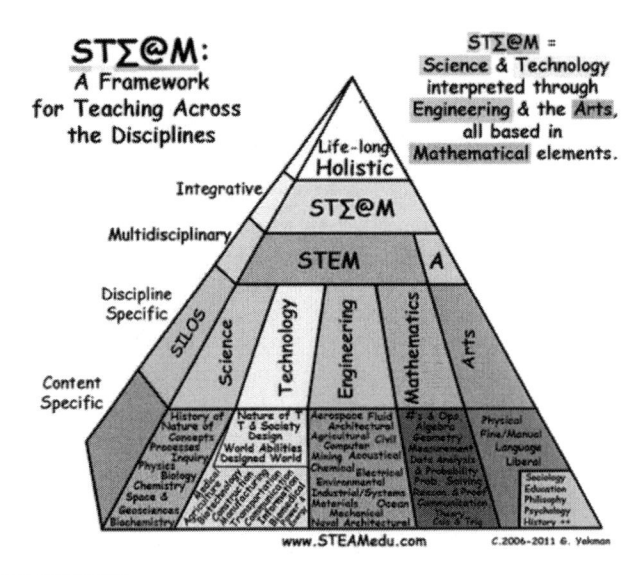

圖2 STEAM教育框架

資料來源： 取自Yakman, G. (2008, February). *STEAM education: An overview of creating a model of integrative education*. Paper presented at the Pupils' Attitudes Towards Technology on 19th ITEEA Conference, Salt Lake City, Utah.

Lantz（2009）指出，在設計與研發STEM課程的過程中，應具備以下要素：(1) 依循跨學科課程整合的理念進行課程設計；(2) 以能力指標（standards）做為課程內容的引導；(3) 使用逆向課程設計模式（backward design）；(4) 使用問題導向（problem-based learning）以及學習表現導向學習（performance-based learning）；(5) 使用5E學習環來規劃學習活動；(6) 運用數位學習科技輔助教學活動的實施；(7) 同時應用形成性和總結性評量，並規劃適切的評量規準。

以現實情境來說明STEAM的跨科學習，學生在日常生活中所面臨到的問題，不會僅是一個科學知識或是數學問題，而是需要結合多種不同領域的知識和技能，以找到可用的解決辦法。因此，在設計實作課程中，可進行STEAM跨學科整合課程設計，藉由專題式學習引導學生發想、設計、實作與反思（Mote et al., 2014）。針對本研究的STEAM教學方法，從創作和學生導向的角度進行課程設計，課程中引導學習者設計出VTuber虛擬角色媒體系列作品，進而從STEAM的基礎知識，進行科

學知識、生產工藝、數學計算、工程施工和創新理念融為一體的實踐經驗。

二、實作能力培養——導入6E教學模式

6E模式源自於5E學習環模式，以建構主義的學習觀為主，學生在學習過程中透過討論、尋找資料及動手實作等，逐步建立知識架構（Bybee et al., 2006）。Barry（2014）所提出的6E模式包含了投入、探索、解釋、工程設計、豐富、評估等階段（圖3）。教師在教學上，可以引導STEAM進行跨科知識整合與運用，過程中依據學生學習歷程，來引導討論、設計、製作及修正，最後運用實作評量指標評析作品；學生透過生活情境主題的投入，進行資料蒐集以探索思考與解釋表達，並從實作演練過程中豐富其作品、最後進行作品評估。

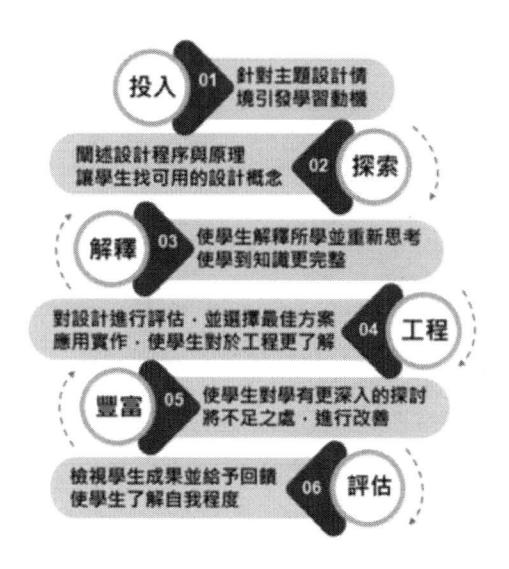

圖3 6E教學模式

6E模式是一種將科學教育和工程設計過程相結合的教學流程，並將學生分成不同的群體，以激發設計、實踐、探究和反思。Sanjayanti等人發現6E設計學習方案可提高學生的邏輯思維和意識，而學生在執行6E

模型時，可反覆深化思考，故特別適合STEAM課程，透過動手實際操作，循序漸進、熟練地學習STEAM知識，從而提高各學科和交叉學科的學習效果，以及協同學習、專業知識和自信心（Chung et al., 2018）。其6E模式特色羅列如下。

（一）投入：運用主題設計引發學習動機，多媒體教材塑造話題情境，激發學生的興趣，讓學生透過連結先備知識或經驗，引起對課程的好奇心。

（二）探索：提供學生機會（如資料分析、小組討論、腦力激盪），闡述設計程序與原理讓學生找可用的設計概念。

（三）解釋：給學生機會解釋並重新思考所學，以瞭解主題的內涵，並藉此使學到的知識更完善。

（四）工程設計：讓學生藉由實作來瞭解課程主題的核心，把學習到的概念應用到日常生活中，以對主題的內涵與表現有更深層的理解。

（五）豐富：讓學生對所學有更深度的探討，以能解決更深入複雜的問題，並針對不足之處，進行改善。

（六）評估：讓學生與老師有機會評量學習成效與理解程度，檢視學生成果並給予回饋使學生瞭解自我程度。

根據上述內容，本研究針對VTuber教學規劃了一套「STEAM-6E教學」（如圖4），目的在於豐富STEAM教育的多元化內容。課程中採用6E模式，結合本課程的特色，拓展其學科的設計思維，進行深化學習的體驗，以及有意義的觀察和反思，不僅激發學生的學習動力和團隊動力，更進一步激發其原創和獨特的想像力。在最近一項有關6E教學的研究──護理系大學生以老年人物聯網輔助設備創意設計，結果發現STEAM-6E課程可引導學生逐步學習重點，並加強學生整合知識的能力（Chung et al., 2018）；C. L. Lin與Chiang（2019）以老年人物聯網智能手杖創意設計為例之研究，亦顯示在STEAM教學活動中運用6E模式可提高大學生學習滿意度。此外，整合STEAM-6E與虛擬實境的教學中，學習者的動機、有效性、滿意度和創造力是有正面的提升（Y. H. Lin et al., 2023）。

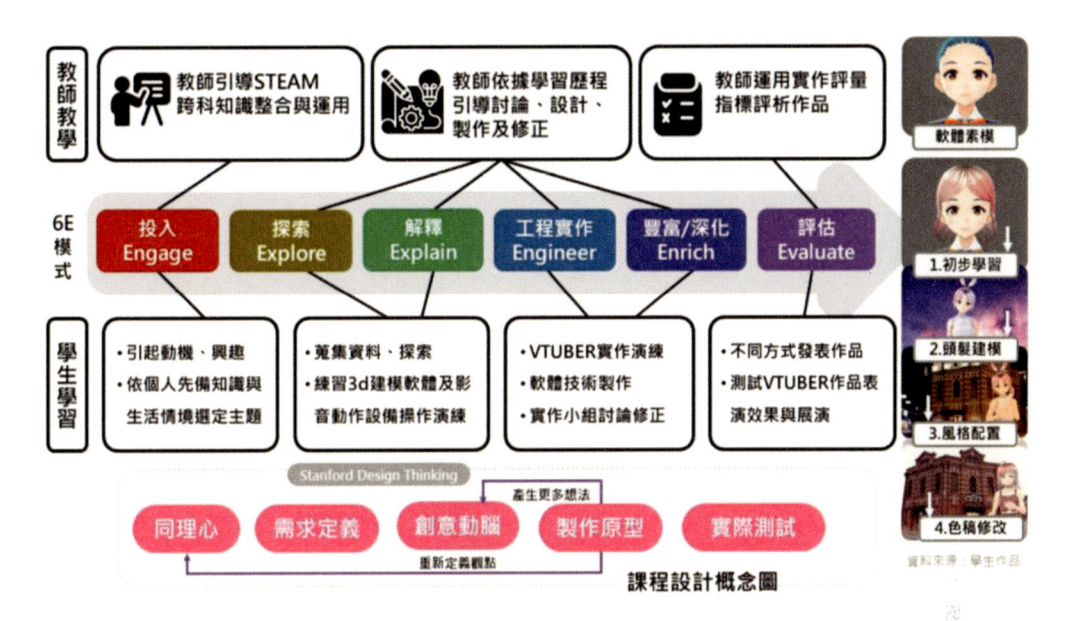

圖4 整合STEAM-6E模式於VTuber實作課程之規劃

三、VTuber的課程開發與創新應用

　　如圖4，本課程教案設計是以STEAM的跨科學習來整合，從人的需要及想要為出發點，經由「同理心」、「需求定義」、「創意動腦」、「製作原型」、「實際測試」的歷程，達到以人為本、團隊合作、做中學習、同理心、快速原型製作與修正等目標。課程主要目的在於培育學生VTuber實作創作，課程當中除了有知識講述之外，更多在於技術教學與操作演練。為了讓學生直接感受所學知識具有意義，落實知識的實務實作之運用變得相當重要，故以設備場地豐富課程內容，並據此擬定策略，推動課程對於職場實際「接案」的概念作為的連結。

　　VTuber議題興起於青少年族群，其全名為Virtual YouTuber，也就是虛擬YouTuber，稱為虛擬實況主、虛擬網紅、虛擬主播等，是以虛擬人物形象在網路影片平臺上傳影片或進行直播的創作者。這些年研究者也投入VTuber開發製作（如圖5），VTuber製作包含：1.角色之人物設定、原創風格、造型服裝、三視圖、立繪（性格特徵、人物屬性、色彩特徵）等；2.角色3D模型製作（XYZ軸轉動、眼睛／口型、頭髮／服裝、其他肢體動作）等；3.物理設定（表情／動畫設定、物理效果調

整、人物動作捕捉）；4. 直播軟體影片後製（角色擷取、直播間設計、片頭片尾、過場音樂、角色聲音）等。過去傳統課程中，缺乏設備與數位工具的整合，僅以角色造型單元進行設計，而本課程的創新之處在於將虛擬網紅的實作技術，從2D到3D的動態表演進行整合教學，以提升學生統整運用所學相關知識技術。

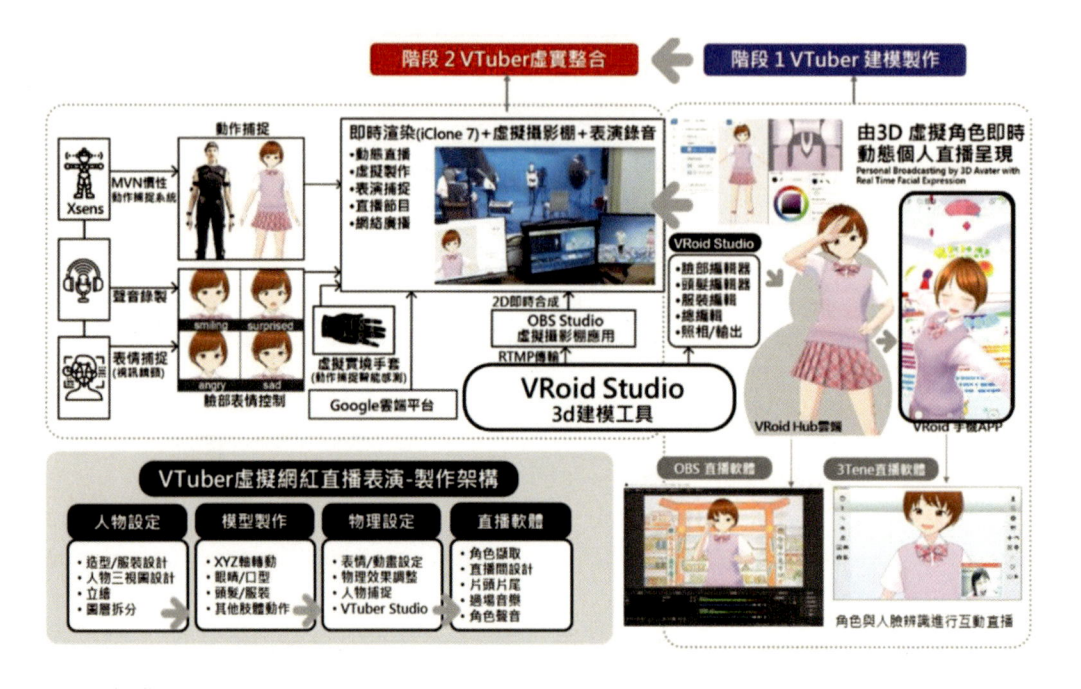

圖5 VTuber虛擬網紅直播表演製作架構

四、小結——兩種世界連結多種可能

2020年為數位雙生（digital twin）元年，加上元宇宙（metaverse）的概念以及社群媒體（social media）的興起，影響著數位媒體的課程內容。虛擬與真實是兩種世界，老師與學生是兩種世界，教學與學習也是兩種世界，本課程設計以年輕人喜歡的VTuber實作為內容，改變了教師與學生的關係。由於數位內容設計產業需要更多設計師的參與，許多有關於VTuber、數位分身（digital avatar）的數位工具如雨後春筍產生，學生可投入更多熱情學習新興媒體技術，甚至少數學生本身就是直播主。因此，藉由完成之作品，可讓學生感受到自己的努力成果。另外，減少

學生個人的獨自學習部分，鼓勵營造團隊合作的學習方式與情境分享，同時提醒團隊的成員皆有其獨特與可貢獻的地方，可讓成績較落後的學生有參與感，願意跟組員共同完成專案作品。

參、課程內容與方法

一、課程模式

（一）課程描述：本課程名稱為「經典設計專案研究」，是大三學生的專業選修課程，主要以專案進行單元方式加強學習。由於元宇宙加上自媒體的新興，導入「VTuber實作」為主題，從創意發想、角色企劃、3D建模設計、角色動作表演、數位內容製作到多媒體平臺形式展現，讓學習者學習VTuber創作與企劃的整合能力。如圖6以及表1所示，本課程整合STEAM-6E教學模式，而VTuber實作本身就具備跨領域的學習，需要不同專業教師來授課，本課程之學科構面、STEAM知識內涵、STEAM能力指標與6E流程進行說明如表1所示。

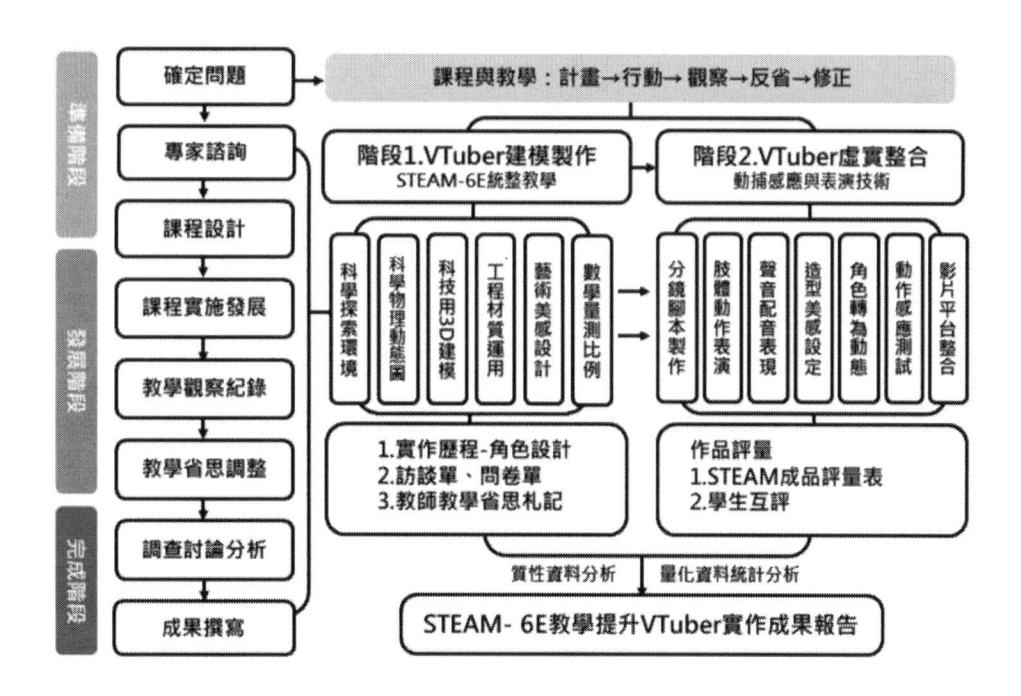

圖6 STEAM-6E模式於「VTuber實作」教學與研究流程

表1
STEAM-6E之VTuber實作課程設計

學科構面	STEAM知識內涵	STEAM能力指標	6E流程
Science 科學原理	• 基本的手繪描繪的技術 • 美工繪圖軟體操作技術 • 資料收集VTuber設計資料	• 具有手繪描繪的技術 • 熟悉美工繪圖軟體操作技術 • 具有VTuber資料庫 • 對VTuber角色設計初步認識	Engage投入 Explore探索 Enrich豐富/深化 Technology
技術應用	• 2D3D繪圖軟體工具 • 電腦周邊工具運用(攝影、錄音) • VTuber動作錄音表演工具	• 能使用各種繪圖軟體工具 • 進行電腦周邊工具運用 • 能使用VTuber技術工具 • 3C用品工具整合運用Engineering	Engage投入 Explore探索 Explain解釋
工程設計	• Photoshop、illustrator（2D）、3dmax（3D）、VRoid虛擬角色（2D）等繪圖軟體的操作使用 • 認識並操作研究場域器材	• 能將初稿單之設計作品，利軟體軟體來直行設計 • 能運用各設計原理及修正各作品，使作品更有特色	Explain解釋 Engineer工程 Enrich豐富 Evaluate評估
Arts 藝術美學	• VTuber角色色彩計畫 • VTuber角色色彩心理 • VTuber造型設計 • VTuber視覺風格	• 能認識VTuber角色基本色彩-配色與搭配，並加以運用 • 能將VTuber視覺風格概念運在作品上	Explore探索 Explain解釋 Enrich豐富
Mathematics 數學概念	• VTuber造型結構成之計算 • VTuber比例關係的認識	• 能將VTuber造型測量所得之數據加以運用及計算 • 能運用VTuber造型比例大小關係修正或調整作品	Engage投入 Explore探索 Enrich豐富 Evaluate評估

（二）課程目標：「VTuber實作」為有意參與設計的學生提供跨領域技術體驗與學習所需要具備的知識、技術與方法，包括：從設計者端思考專題的呈現，以及資料蒐集、企劃提案，到角色人設設定（文字敘述、表情包、情境圖）、造型3D建模（髮型、服裝造型繪製、三視圖）、角色動態表演（動作設計、聲音表演）、直播腳本（文字）分鏡企劃等製作與流程。「經典設計專案研究——VTuber實作」課程的目標是透過提供專業的作品服務，有效率地為企業者創造價值。

二、教學內容與教學策略

（一）課程內容

如表2所示，課程內容的設計與規劃，分為階段一VTuber建模製作（STEAM-6E統整教學，1-8週），以及階段二VTuber虛實整合（動捕感應與表演技術，9-16週）等兩階段。階段一的教學內容著重於STEAM-6E於VTuber建模製作教學，主題是臺灣商圈篇，包含從探索環境及蒐集角色造型元素、角色3D建模技術、角色物理動態圖、工程工具運用、藝術美感設計到數學量測比例等流程，將進行學生個人作業成品之實作歷程、心得學習單、問卷和教師教學省思札記等資料紀錄。期中之後，則進行第二階段之小組團隊合作，主題是元宇宙虛擬角色，包含分鏡腳本製作、造型美感設定、角色肢體動作與聲音表演、角色動作捕捉技術到影片平臺整合製作等流程。完成作品須有口頭報告及成果發表，並在作品評量上運用STEAM成品評量表，進行學生互評以及專家評分。

表2
「VTuber實作」教學大綱與STEAM-6E導入說明

週 課程單元	STEAM-6E導入說明
01 課程與教學介紹、VTuber設計趨勢	階段一VTuber建模製作-臺灣商圈篇設計
02 中秋節放假一日	VTuber各單元基礎能力培養
03 VTuber角色設計企劃與構思	（科學）科學探索環境
04 VTuber設計（一）：建模繪製	（技術）物理表現動態圖
05 VTuber設計（二）：臉型/髮型設計	（工程）科技用3D建模
06 VTuber設計（三）：髮型/服裝設計	（藝術）藝術美感設計
07 VTuber設計（四）：角色與場景設計	（數學）數據測量比例等
	研究測量：
08 期中作品實作演練製作	1.實作歷程-角色設計 2.訪談單、問卷單
09 期中作品演展與報告	3.教師教學省思札記
10 VTuber呈現（聲音與肢體表演整合）	階段二VTuber虛實整合-元宇宙虛擬角色設計
11 VTuber表演（主播說唱/直播表演）	VTuber專題製作企劃與執行
12 VTuber動畫影片平臺整合（動捕演練）	（投入）知識企劃與專題發展
13 期末小組創作：VTuber腳本企劃	（探索）問題探索與知識建構
14 期末小組創作：VTuber建模設計	（解釋）問題解決與表達
15 期末小組創作：VTuber影音製作（一）	（工程設計）專題實際操作
16 期末小組創作：VTuber影音製作（二）	（豐富深化）專題作品深入加強
	（評估）作品發表與驗證
17 期末作品實作演練製作	作品評量：
18 期末作品演展與報告	STEAM成品評量表、學生互評

（二）課程策略

　　本課程以融入STEAM與6E模式進行教學的創新設計與規劃，教室、教學情景、座位表如圖7所示，改變傳統之角色學習的方式，以業界實作與需求導向，引導學生從投入、探索、解釋、工程實作、豐富／深化到評估，理解職場業界的需求，並在構想概念到實際作品的繪製規劃的過程中，理解VTuber角色實作流程的表現與企劃提案。研究者先從師生的互動教學、2位專家（資工與動畫教師）與3位教師協同教學（配

音老師、表演老師、動作捕捉技術老師)(圖8)中思考,最後再請2位專家業師提出改善方案,亦即透過計畫、行動、觀察及反思,進行教學設計與規劃。

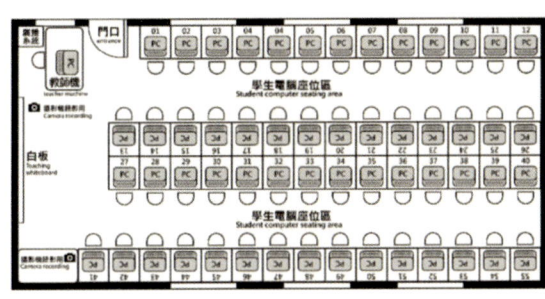

圖7 學生上課、教室座位及專業教室作業製作的情景

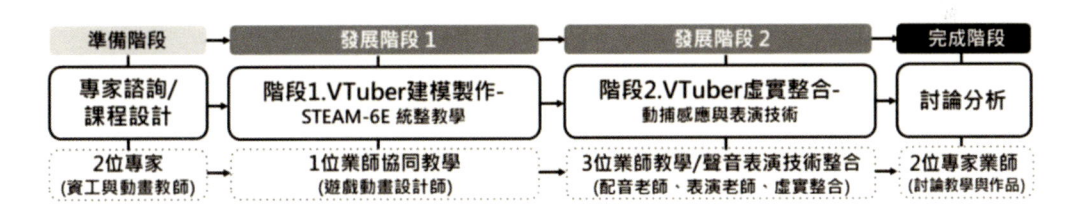

圖8 「VTuber實作」教學設計發展階段

三、學習成效評估

(一)課程設計

1. 單元講授:依照每週所安排的進度進行單元基礎實作的演練,並以自行製作的教材簡報、課程錄影影片作為教學工具。透過老師的講解步驟,讓學生清楚軟體的操作步驟,且利用課程相關資料引導學生對

VTuber實作的興趣。

2. 分組討論與製作：期中之前都是屬於VTuber角色造型之個人作業的基礎學習，期中之後則採分組討論與實作，藉由相關的實際案例「VTuber一問一答自我介紹」、「VTuber跳舞」進行製作，並且透過分組分工討論與製作，增加同儕之間的互動及問題解決能力。

3. 課堂活動與學習單：本課程除了在課堂上演練VTuber製作的專業技術外，也融入STEAM - 6E模式於課程發展與步驟之中，並以課堂協同教學、職場講座、影片賞析、單元學習單等方式，提高學生的學習興趣及學習動機。

4. 專家演講：邀請業界專家講授數位內容產業VTuber虛擬網紅的技術與趨勢，透過職場案例引導學生更進一步認識VTuber實作的課程內容與實務應用。

5. 作業設計：(1) 實作小作業：每次課堂都會有軟體操作練習，來奠定學習的基礎；(2) 學習問卷：在單元及講座之後，讓學生個人進行問卷填寫；(3) 分組討論：讓每組討論VTuber角色設計，激發學生們的想像力、團隊合作及溝通表達；(4) 學習單：學生進行心得撰寫，做為課程不足之調整。

6. 實作專案任務：(1) 依照課程進度引導學生進行「臺灣商圈篇VTuber設計」，並於期中實施個人提案作業時，引導學生運用課堂所學進行實際的演練與操作；(2) 期末報告：以分組的方式進行「元宇宙虛擬角色設計」專題實作，讓學生得以運用課程所學習的技能進行實作整合。

（二）課程評量

本研究採行STEAM教育課程設計，依據此教學法針對「認知」、「情意」、「技能」進行之教學作業、評量策略及成績評比等，成績評量如表3所示，其說明如下：

表3

成績各項目比例標準

項目	比例	內容說明
課堂表現與平時成績	40%	課堂練習作業、學習單、出席
期中角色色稿作業+個人報告	20%	VTuber建模製作—臺灣商圈篇 VTuber角色設計
期末專題小組創作+報告提案	40%	VTuber虛實整合—元宇宙虛擬角色設計(一問一答自我介紹、跳舞動補影片)

1. 實作歷程——初稿設計單：為了瞭解學生是否清楚教師傳達的知識內容，請學生根據所學習的技術繪製VTuber並進行設計說明以及設計心得之撰寫。

2. 教學平臺討論及評量：教師將針對學生在教學平臺作業與反饋意見，提出回答，而同學之間可進行互評以及意見交流，這些資料都會進行量化及質化的評估，做為「認知」、「情意」評量的一部分。

3. VTuber角色作品設計：學生必須在單元前完成作品繪製（三視圖）、角色情境圖及企劃等，再委請校內外專家學者給予評分，此為「認知」、「技能」的評量。

4. 上課參與態度及出席狀況：評量學生在上課表現的學習態度，上課發表、報告狀況、及出席率等，做為「情意」評量的一部分；最後再請學生填寫學習動機問卷、訪談表單，其內容包含：課堂學習面向、教學內容、教材滿意度、課程心得與認知影響面。

四、研究工具

本研究使用的研究工具有「課程問卷表單」與「學習回饋單」，說明如下：

（一）課程滿意度問卷

本研究之課程問卷係根據研究目的，分為「STEAM課程學習效果」、「6E教學學習效果」、「STEAM學習滿意度」等三個層面進行探討：「STEAM教學學習效果問卷」包含科學、技術、工程、藝術、數學、創意等六個項目表現；「6E教學學習效果問卷」包含投入、探索、解釋、工程設計、豐富、評估等六個項目，問卷參考自Chung等人（2018）、周惠柔和林弘昌（2018）等；「STEAM學習滿意度」問卷則參考自鍾智超等人（2021）。以上問卷亦參考某大學教學評量問卷，自編製「STEAM作品表現評分表」：包含科學、技術、工程、藝術、數學等五個項目表現，採用李克特氏（Likert）五點量表（1=非常不同意、2=不同意、3=沒意見、4=同意、5=非常同意）進行檢測。

在問卷效度方面，採專家效度實施，於問卷初稿完成後，邀請二位專家學者針對問卷內容效度進行評鑑，並提供建議加以修正，再實施問卷預試之項目分析。信度分析方面，在刪除鑑別力不夠之題項後，「教學內容滿意度」、「學生作品滿意度」、「STEAM學習滿意度」各層面之Conbach's alpha值依序為：9.13、8.93、8.83，問卷整體之Conbach's alpha值為8.96，顯示本研究之信度很好。最後，完成本研究的「課程滿意度問卷」。

（二）學生學習回饋單

使用「學生學習回饋單」進行各單元的學習紀錄：帶領學生將學習過程中的STEAM及VTuber實作之學習心得記錄下來，以瞭解學生的學習狀況，並進行學生學習歷程之初步質化分析。

肆、教學實踐歷程

一、STEAM課程實施的問題及因應策略

（一）遭遇困難與省思：因是首次導入STEAM-6E教學模式於VTuber設計實作，不僅STEAM課程內涵擬定與規劃方面缺乏經驗教師

可供諮詢，專業課程部分也缺乏校內跨域教師來協同教學。課程實施過程中需要各領域老師加入討論、修正與調整，也需要科學、工程、數理教師以供諮詢，而產品製程管理上，則需要產品設計老師協助6E的執行。整體而言，本課程需要更多的時間進行討論與整合。另外，就學生對於日常生活中發現與VTuber實作的連結，其實需要課程單元設計，例如教學引導與討論，所需時間可能長至1個月，亦會影響整體課程的執行，但為配合計畫案研究，必須縮短教學時程與內容。

（二）解決策略：就課程面的實施，可多參考STEAM-6E教學案例，參加相關研習、工作坊，並商請教育背景教師協助與諮詢，以解決課程擬訂與實施的問題；就教學內容層面，可邀請校內相關背景教師或業師協同教學；就教學成長方面，則建議建立跨域教師群組，藉由多方討論交流以改善教學現場的問題，或是將STEAM-6E簡化於教學現場中，既有效又不影響整體教學的內容。另外，亦可參考其他設計實作案例，來開發VTuber實作的教學與作品設計。

二、教學過程與成果

（一）修課學生基本資料

本課程為數媒系專業選修課程，完成修課學生共有47位，男女比例為40.43%與59.57%，以創新設計學院兩個科系的大三學生為主，修課學生相關資料如表4所示。實施教學研究前，研究對象皆已於一年級「角色設計」課程，學習過角色繪製的基礎能力，並具備素描、色彩計畫、電腦繪圖及基礎2D動畫等技術。

表4

受測者基本資料

	項目	樣本數	百分比（%）
性別	男	19	40.43%
	女	28	59.57%
學院	創新設計學院	47	100.00%
科系	創意產品設計系	1	2.48%
	數位媒體設計系	46	97.52%

（二）階段一VTuber建模製作學習歷程

1. 實施階段

為期8週之階段一VTuber造型建模製作教學包含：2週之課程介紹與VTuber企劃、4週之VTuber軟體教學與創作應用、以及2週之情境圖繪製與角色整合。在構思企劃方面，首先是VTuber角色造型的塑造，採行讓學生實際到場域進行情境觀察與資料蒐集之方式（如圖9），學生彙整出此商圈象徵元素後進行蒐集與分析，以此視覺元素來發展角色造型設計。題目的設定是以臺灣虛擬網紅協會舉辦VTuber設計大賽，最後選出完整性較高的學生作品參加競賽。

階段一VTuber建模製作，主題：臺灣商圈篇VTuber設計

1. **準備階段：**（科學→參與、探索）企劃構思與蒐集，學生：讓同學到場域進行觀察與資料蒐集。以西門町商圈篇為主，學生：角色元素來自實際生活的印象與場域資料考察。
2. **環境資料元素蒐集與觀察：**（科學→探索、解釋）學生：從圖像中來發展角色造型概念。

| 彩虹斑馬線→瞳孔 | 西門紅樓→視覺風格 | 西門町夜景→服裝 | 西門町年輕人→裝髮 |

3. **實施階段製作過程：**（科技與工程→建造）學生：頭髮骨架建模比較有問題。
4. **改進階段：**（藝術與技術→深化、豐富）有困難如何解決呢？學生：就是網上瘋狂找資料以及問同學該怎麼作，但是所花費的時間很久。有參考老師的作法，但是反覆錯誤。
5. **反思階段：**學生：頭髮骨架建模不太好做，抓不到要怎麼有效的方法來進行。只能大概去做。

（續下頁）

貳、主題內容與方法技巧案例分享

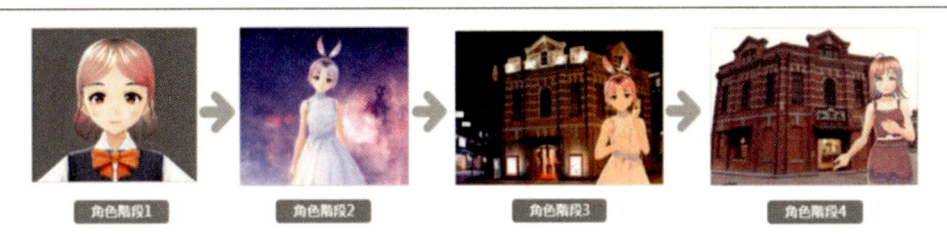

角色階段1 → 角色階段2 → 角色階段3 → 角色階段4

角色設計從構想→初稿→色稿→與主題背景做結合之發展

角色表情

角色動態表情　角色情境圖

完成作品創作理念：上方有動態表現、情境圖、表情圖。右邊頭部臉型圖案：瞳孔以西門的彩虹地景-彩虹斑馬線去構思。服裝造型：以運動的服裝來表示角色青春感。圖案加入大樓、西門紅樓；視覺風格：主要色調以紅色為主，讓人聯想到西門紅樓。

學生與所創造出VTuber虛擬角色合照

學生期中作業之互相觀摩、互評活動、成果展覽

圖9 階段一VTuber角色教學與學習紀錄

　　對於剛學習VTuber設計的學生而言，階段一STEAM-6E導入VTuber基礎能力培養是值得期待的。大部分學生都不會運用VRoid來繪製作品，但是他們對於可以去找資料來設定角色，仍充滿期待。過去傳統是以手繪製作2D靜態作品，現在則是要將手繪圖像轉換成3D動態的角色，對於3D建模教學的學習單元，學生們認為需要花費更多的時間來繪製，例如：頭髮雕塑、服裝繪製及配件描繪等；透過每次單元演練與學習單回饋，研究者希望學生可以在實際操練中學習如何解決問題，而

STEAM-6E之主題教學，正可用來檢視課程內容、教學問題，將所學知識及技能做有效的連結與改善。

2. 調查過程

由於學生曾修習過角色設計與繪圖技法等課程，因此，本單元採個人創作，以「臺灣城市商圈篇」為主題，運用VRoid 3D角色建模完成VTuber虛擬網紅，含有角色三視圖（正面、背面、側面）與情境圖；經過教學完成作品繪製後，請學生填寫問卷學習單，並委請兩位設計教師根據作業成績與口語表達，挑選出學習成就較高之5位學生進行晤談。由於大部分學生都是第一次學習此軟體，且是英文介面，對於某些功能之使用並不是很熟悉。

就問卷與訪談的結果，學生大部分認同VRoid 3D角色建模工具可以提升VTuber設計，學生N1（$n = 5$）表示：

> 原來VTuber的角色，現在的軟體可以快速製成，長髮短髮部件快速增加或改變，當初我以為可能要從建模，一步步先從人體開始，慢慢加上衣服部分；原先以為製作一隻角色時程可能要花上幾個月，每個人拉出的角色不盡相同，算是自由度很高。

學生N2（$n = 5$）表示：

> 我認為還蠻有趣的，透過VRoid製作角色，讓我樂在其中，解決了不會建模的困擾，未來若有興趣會嘗試建模，透過老師的解說，讓我更瞭解流程。

此外，有些學生提出一些問題，例如此3D角色建模須以原本的塑模進行修改，並不能隨著使用者進行自由創作，N3（$n = 10$）表示：

> 第一次接觸這個軟體，不是很熟悉，尤其是頭髮，都拉不出我要的型，最後只能從軟體給的素材做修改。

學生N4（$n = 10$）表示：「僅有頭髮可以創造自己想要畫出的造型，此

軟體對於自由創作還是有過多的限制。」N5（$n = 5$）表示：「在頭髮增加骨架的部分，需要耗費時間來調整，有點傷腦筋。」

　　由上述可得知，學生對於繪製角色有著既有的傳統繪圖觀念。由於虛擬網紅製作完成需要直播與即時互動，且在繪製過程需要快速製作完成，因此，對於科技轉型之因應，運用新興數位工具來完成3D建模，可使學生在學習的心態上建立更多的信心。從使用者角度來思考，雖然期望能夠如繪圖板直覺式畫出個人所想的造型，但因為並非角色的每個部分都可以隨意編輯，故所設計的角色作品之視覺風格都很類似，差異性並不大。

　3. 改進階段

　　本階段係根據學生的作品作進一步的探討。圖10a是以建國花市商圈為主題所進行之VTuber角色設計，由於花市有許多植物花卉，故頭部髮型是以多肉植物的形狀來展現可愛造型，服裝造型則以紅色系衣服為主，整體視覺風格想要傳達出建國花市新年喜氣繽紛多彩的意象。而圖10b，由於繪製圖案的學生表示不太喜歡VRoid的視覺風格，較習慣於過去的繪圖軟體，即建議使用Live 2D來繪製VTuber，因此軟體比較傾向日式漫畫表現，故從這作品可以看出線條比較隨性。該名學生表示此作品以三峽商圈為主題，角色頭部以當地之名產牛角麵包為頭飾，服裝造型設計以藍色蠟染旗袍為主，加上紙傘配件，背部挖空加上紅色薄紗披肩，讓角色行走在掛滿藍染布條的街道，整體傳達出三峽當地文化印象。

10a 建國花市商圈VTuber設計　　10b 三峽商圈VTuber設計
圖10 階段一VTuber的學生作品

元宇宙虛擬角色是虛實整合技術下的產物。學生們以神話生物——獨角獸來構思，以奇幻到神秘來形塑角色特色，產生出元宇宙VTuber凱洛司（如圖12），屬於社畜獨角獸VTuber，性別是獨角獸，出生地為彩虹，擁有五彩斑斕的白（染黑），AB白羊座且個性厭世的專櫃人員。較特別的是其動物系VTuber造型，加上穿越到現世的虛擬美少男，整體具有動物的角與擬人造型的結合。

圖12 階段二VTuber角色教學與學習紀錄(2)

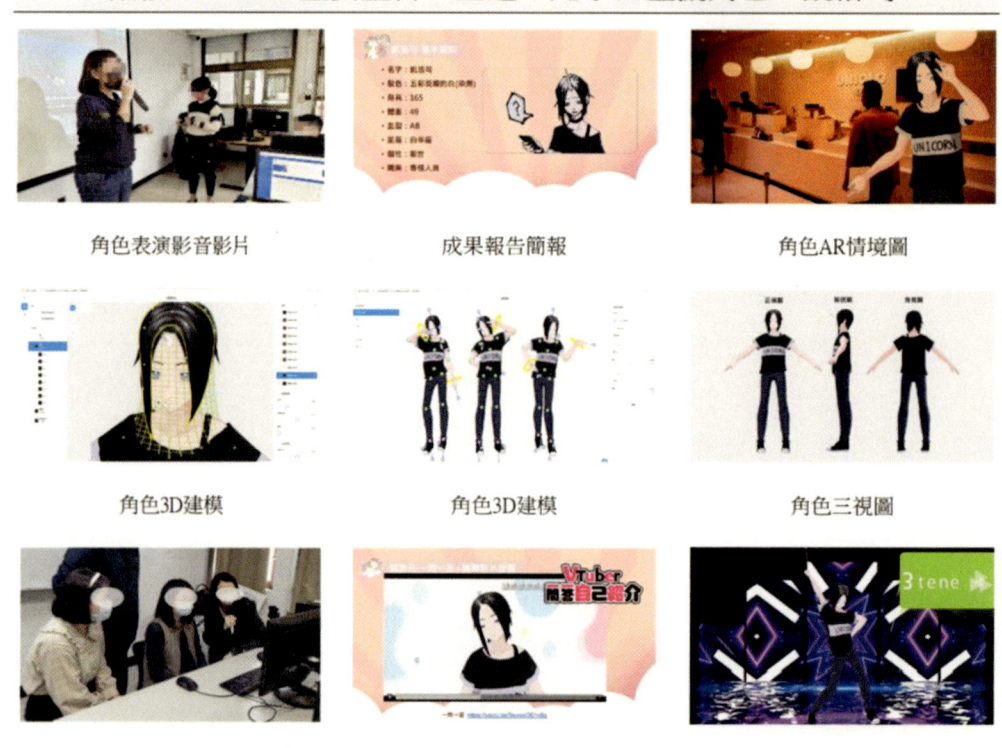

關於課程的學習，小組團隊的學生談到：

多虧本次的課程，才能這麼近距離地接觸最近很流行的虛擬主播，還能從零到一去進行製作，且製作過程中也非常的有趣又好玩，在本課堂的最後，我們也將以近年來的全球趨勢——元宇宙去做結合

畫下句點，整體而言，這對我來說是個很有成就感又難忘的一次機會。

充滿了許多新鮮想像的元宇宙，是需要培訓更多的數位媒體創作人才。另外，學生也談到：

可以在上課中正大光明跟同學討論這種事對我來說挺新奇的，由一句一句對話，慢慢堆疊出一個角色，然後分工合作完整作品的感覺真的很棒，也學到很多，一直都有興趣的相關技能，這學期很充實，謝謝老師跟組員。

總體而言，學生們認為：

這次的創作讓我們熟悉軟體的應用，此外也融入了組員的想法，創作出一個屬於我們的元宇宙VTuber。

VTuber整體動態不單可運用於虛擬網紅直播說話的部分，亦可以虛擬社群、遊戲、AR/VR等媒體來展現。在課程教學出現之角色聲音配音的問題（特別是學生的聲音個性與情緒表現），由於大部分學生都缺乏訓練，以致於一個可愛造型被塑造出來，卻因為聲音而出現不搭的情況。然而，角色說話配音教學不是一堂課就可以解決，是需要經過專業教學與操練，或者商請跨系學生支援，讓這角色可以「活起來」的說話（如圖13）。另外，關於動作表演與製作，其運用動補技術來表演，事實上仍需要分鏡腳本企劃、動作錄影、影片後製剪輯等，這些作業製程通常需要耗時一個月以上時間，超出課程時間的限制，幸有APP相關工具的開發，讓學生增加對數位技術整合的運用。

VTuber臉部辨識錄製 　　VTuber動作捕捉錄製 　　VTuber虛擬攝影棚錄製

VRoid Studio 3D角色建模工具生成動態表現

圖13 VTuber臉部辨識與動作捕捉錄製

（四）學生學習成果評估與分析

在學生學習成果評估方面，研究者將收到之47位學生的有效問卷以及第一階段（期中作業）和第二階段（期末作業）的作業，進行「STEAM課程學生學習效果分析」、「6E 教學之學生學習效果的分析」、「學生在專業知識學習效果的分析」以及「作品分析──實作能力表現」。由表5可知，在「STEAM課程」學習的成果方面，以科學、技術、工程、藝術、數學、創作等六種層面為依變項，進行成對樣本 T 檢定後得知：在A1科學「可以用生活案例來說明VTuber知識原理」（$t = -3.808, p < .001$）以及A4藝術「學生可以在VTuber 設計中能融入美感」（$t = -3.526, p < .01$）有非常顯著差異，在A3工程「學生可以完成VTuber 製作流程」（$t = -3.149, p < .01$）、A2技術「學生可以在 VTuber 設計中應用科技工具」（$t = -2.837, p < .01$）以及A6創作「學生可以在VTuber學習中整合技術來創作」（$t = -2.340, p < .5$）有達到顯著，顯示出大部分學生在STEAM課程學習效果方面有正向肯定。透過訪談亦可得知，學生在蒐集資料過程中，可以進行個人構想，並可探索城市；而在操作執行上，對於學習VTuber新的軟體操作感到很新鮮。在題項A5數學「學生可以在VTuber製作過程中運用數學原理」（$t = -1.771$）則無

顯著差異,可能是因為在數位實作過程中,相對比較少運用到數學的部分,而在完成STEAM-6E課程後,大多數學生能夠將各學科的知識加以整合應用,獲得理論與實踐相結合的實際經驗。

表5
STEAM課程學生學習效果的分析

編號	STEAM	題項	前測 M(SD)	後測 M(SD)	t	p
A1	科學	可以用生活案例來說明VTuber知識原理	4.00(.552)	4.28(.682)	-3.808	.000***
A2	技術	學生可以在VTuber設計中應用科技工具	3.96(.509)	4.11(.634)	-2.837	.007**
A3	工程	學生可以完成VTuber製作流程	3.98(.571)	4.19(.380)	-3.149	.003**
A4	藝術	學生可以在VTuber設計中能融入美感	4.04(.550)	4.26(.675)	-3.526	.001***
A5	數學	學生可以在VTuber製作過程中運用數學原理	3.77(.520)	3.83(.601)	-1.771	.083
A6	創作	學生可以在VTuber學習中整合技術來創作	4.02(.608)	4.13(.679)	-2.340	.024*

*p < .05. **p < .01. ***p < .001。

在「6E教學」學習成果方面,主要是探討經過VTuber實作課程教學後,學生是否能夠對於自己作品製作過程中的學習狀況作修改和驗證,完成VTuber製作的工作,並透過團隊小組,進行解釋、深化與評估之充分運用。由表6可知,在「6E教學」學習成果方面,以投入、探索、解釋、工程設計、豐富、評估等六種項目為依變項,進行獨立樣本 T 檢定後得知:在題項B2探索「學生可以收集資訊」(t = -4.027, p < .001)、B3解釋「學生可以討論和分析資料」(t = -3.526, p < .001)以及B4工程設計「學生可以製作作品」(t = -3.808, p < .001)有非常顯著差異,在B1投入「學生願意積極參與課程活動」(t = -2.595, p < .01)、B5豐富「學生能運用技術設計更優化」(t = -2.595, p < .01)以及B6評估「學生在學習中可以自我審查獲得經驗」(t = -2.069, p < .01)有達到差異,顯示出大部分學生在6E教學過程都有正向肯定。就以學生們喜歡的VTuber課程來說,大部分學生都願意透過探索進行設計,並透過數位工具實作以完成作品。

表6

6E 教學之學生學習效果的分析

編號	6E	題項	前測 M(SD)	後測 M(SD)	t	p
B1	投入	學生願意積極參與課程活動	3.23(.633)	4.36(.673)	-2.595	.013*
B2	探索	學生可以收集資訊	4.15(.589)	4.45(.583)	-4.027	.000***
B3	解釋	學生可以討論和分析資料	4.13(.536)	4.34(.532)	-3.526	.001***
B4	工程設計	學生可以製作作品	4.06(.528)	4.34(.635)	-3.808	.000***
B5	豐富	學生能運用技術設計更優化	4.02(.608)	4.15(.691)	-2.595	.013*
B6	評估	學生在學習中可以自我審查獲得經驗	3.83(.481)	3.91(.583)	-2.069	.044*

*$p < .05$. **$p < .01$. ***$p < .001$。

在「專題知識」課程學習成果方面，探討VTuber實作課程教學的整體過程後，學生對於VTuber實作知識的學習滿意狀況（如表7），以相關技術、實作設計、執行、體驗、媒體技能等五種項目為依變項，進行獨立樣 T 檢定後得知：在題項C1「學生可以學習VTuber相關技術」（$t = -5.587, p < .001$)、C5「媒體學生可將媒體技術融入VTuber角色作品」（$t = -4.194, p < .001$)、C2「實作學生可以開發VTuber角色設計」（$t = -3.526, p < .001$）以及C3「執行學生可以獲得VTuber創意設計的實踐經驗」（$t = -3.301, p < .01$）有達到顯著差異。相對於體驗VTuber動補表演的部分，由於設備有限，每次幾乎都要排隊預約，造成學生的學習體驗較低。而就整體的結果表明，在STEAM-6E課程教學之後的「專題知識」學習中，由於大多數學生們在實作時，必須整合多項數位工具（電腦軟體、數位工具、影音製作、動補設備等），於此過程中，通過實作、討論和分析，學生們逐漸學會瞭解其操作與問題解決，並對於VTuber角色製作知識的課程學習可將角色建模、直播、表演融入這些創意的設計實踐表示肯定。

表7

學生在專業知識學習效果的分析

編號	專業知識	題項	前測 M(SD)	後測 M(SD)	t	p
C1	技術	學生可以學習VTuber相關技術	4.09(.282)	4.49(.505)	-5.587	.000***
C2	實作	學生可以開發VTuber角色設計	3.98(.531)	4.19(.680)	-3.526	.001***
C3	執行	學生可以獲得VTuber創意設計的實踐經驗	4.19(.398)	4.38(.491)	-3.301	.002**
C4	體驗	學生可以體驗到VTuber創意的動補表演	3.98(.675)	4.02(.707)	-1.430	.160
C5	媒體	學生可將媒體技術融入VTuber角色作品	3.89(.477)	4.17(.702)	-4.194	.000***

*p < .05. **p < .01. ***p < .001。

　　另外，由3位專業老師進行學生作品總結性評量，以科學、技術、工程、藝術、數學等五種層面為依變項，進行成對樣本 T 檢定後，可得到學生之第一階段（期中作業）和第二階段（期末作業）實作能力表現之比較分析（如表8）。就構面的平均數表現方面，學生在藝術面優於其他構面，其次是技術、工程，最低為科學、數學。其中，技術構面「能善用科技與傳統手繪工具」（M = 3.43一階, 4.11二階）為最高，其次為「作品具有視覺美感之創意性」（M = 3.57一階, 4.06二階）以及「作品具有原創概念」（M = 3.21一階, 3.82二階），表現較低分的是分項中的「作品尺寸與比例符合人體視覺規範」（M = 3.13一階, 3.28二階），其次則為「作品動態姿勢有符合力學視覺表現」（M = 3.32一階, 3.51二階）。由以上結果可得出，學生之二階實作能力表現優於一階。

　　就實作能力部分而言，藝術構面兩項分數最高，而從調查與作品可

表8
作品評分——實作能力表現

向度	題項	階段	M	SD	t	P
科學	1. 作品髮型服裝有符合的物理材質表現	一階	3.34	.479	-2.142	.038*
		二階	3.53	.546		
	2. 作品動態姿勢有符合力學視覺表現	一階	3.32	.471	-2.278	.027*
		二階	3.51	.547		
技術	3. 可運用繪圖軟體完整所需之造型	一階	3.66	.668	-1.288	.204
		二階	3.79	.690		
	4. 能善用科技與傳統手繪工具	一階	3.43	.500	-8.397	.000***
		二階	4.11	.598		
工程	5. 透過適當修改作品完成的預期目標	一階	3.43	.500	-2.408	.020*
		二階	3.66	.479		
	6. 設計企劃是否達到消費者的期望	一階	3.21	.414	-3.374	.002**
		二階	3.57	.580		
藝術	7. 作品具有視覺美感之創意性	一階	3.57	.542	-6.640	.000***
		二階	4.06	.567		
	8. 作品具有原創概念	一階	3.21	.414	-5.999	.000***
		二階	3.81	.680		
數學	9. 作品尺寸與比例符合人體視覺規範	一階	3.13	.337	-2.837	.007***
		二階	3.28	.452		
	10. 作品整體造型的組合構成正確	一階	3.34	.479	-1.700	.096
		二階	3.45	.503		

$*p < .05. **p < .01. ***p < .001$。

得知，數媒系學生比較追求視覺美感、原創視覺的造型，即使有動漫畫造型的素模可參考來發展，但是學生還是期望用過去經驗與想法來重新繪製新造型，呼應著技術構面「能善用科技與傳統手繪工具」的表現；而在二階時，因對各種數位工具之應用較為熟悉，故能發展出有特色的VTuber。由於使用VRoid軟體來製作VTuber，已有正常比例的素模以及多種生成式動態造型的姿態可供選擇，唯有頭髮建模部分需要花費一些

時間來學習，而學生在此項的表現仍須加強。

進一步進行兩階段成對樣本 T 檢定後得到一階及二階的表現之分析比較（如表7）。平均而言，其二階的表現優於一階，以「4. 能善用科技與傳統手繪工具」（3.43 < 4.11）（t = -8.397, p = .000）、「7. 作品具有視覺美感之創意性」（3.57 < 4.06）（t = -6.640, p = .000）、「8. 作品具有原創概念為最高」（3.21 < 3.82）（t = -5.999, p = .000）以及「9. 作品尺寸與比例符合人體視覺規範」（3.13 < 3.28）（t = -2.837, p = .007）有達到非常顯著性；其次，在「6. 設計企劃是否達到消費者的期望」（3.21 < 3.57）（t = -3.374, p = .002）、「5. 透過適當修改作品完成的預期目標」（3.66 < 3.43）（t = -2.408, p = .020）、「2. 作品動態姿勢有符合力學視覺表現」（3.51 < 3.32）（t = -2.278, p = .027），以及「1. 作品髮型服裝有符合的物理材質表現」（3.34 < 3.53）（t = -2.142, p = .038）有達到顯著。實作部分的兩階段中，第二階段的分數幾乎均高於第一階段的表現，表示學生的作品在課程進行中，經由團隊整合修改後，都能有所進步。而每分項表現的比較中，進步幅度分別以「作品具有視覺美感之創意性」進步最多，「能善用科技與傳統手繪工具」次之，再來則是「作品具有原創概念」、「設計企劃是否達到消費者的期望」。

運用STEAM-6E課程實施後，學生經過兩階段的比較，其歷經設計、階段評分，直至作品進行總結性評量，實作能力則從初步設計構想階段、發展階段，到作品產出的總結階段，就實作能力的整體而言，可由圖14作品得知，初學階段學生之VTuber與素模造型非常類似，但是第二階採團隊合作之後，其整體實作就更有特色與想法，特別是要將2D平面圖像轉換成3D動態影音的影片必須結合多種數位工具的部分，於團隊分工的製作過程中，可增加其獨立討論、解決問題、及執行製作的能力，並降低學生繪圖技巧的缺點，提升實作執行的工作能力。

圖14 兩階段實作表現之比較

（五）學生學習回饋

如圖15，大部分學生都認為可以用此軟體來繪製3D建模，並可在短時間內看到初步成果，但是也出現一些學習的問題，例如：軟體的語言、自由度較少、3D頭髮骨架設立、頭髮物理表現、同學們角色造型太接近等等問題。就學習的分享，學生認為學習VTuber資料收集最為有趣。

圖15 VTuber實作學習歷程的發展

學生回饋

我會選構思企劃，因為過程實在是太有趣了～當時為了尋找設計靈感，我從最開始的上網查資料，到實際去現場走一走，這之間真的獲益良多。

腦內也不斷地冒出關於角色的創作想法，對於最後的成果，我也是相當滿意的，或是因為這樣，構思企劃成了我最喜歡的環節。(S07)

學習VRoid那一部分最困難？

如果一定要挑一個講的話，我覺得應該是人物頭髮製作，再來就是服裝編輯（製作），兩者都是我在VRoid環節中最卡的部分，其他部分多花時間還能有不錯的結果。(S08)

但頭髮跟服裝都會做的很生硬。雖然衣服在後面可以靠電繪拯救，不過當下由於不知道怎麼增加配件，所以想法就被受限了。(S15)

學生回饋

感覺多虧了這門課，讓我更加明白現在很熱門的VTuber，究竟是怎麼製作出來的？是如何在社會中有一席之地的？而這些背後的原因，也都能在課上得到解答，除了能更明白VTuber的背景外，還能實際操作應用，這之中間還有講師來補充細節，真的收穫很多。(S41)

而瞭解了這麼多，也結束了這堂課後，自己也明白，真的應該好好加強自己在VRoid的技術上，畢竟能早一步瞭解新型產業，對於未來也是很有幫助的。(S07)

　　如圖15以及圖16所示，學生透過此次的VTuber角色學習，對STEAM-6E課程的實施給予正面的肯定，大部分學生認為此數位工具的運用，可使角色設計的塑型更加便利，讓學習者容易完成作品且具有成

就感;雖然在過程中出現了其他操作上的問題,仍可克服問題而完成作品。

圖16 VTuber實作小組成果展

(六)教師教學反思

就STEAM-6E課程面向而言,由於是第一次嘗試來導入,還是有許多執行面的問題。為避免STEAM跨領域課程設計產生盲點與挫折,可結合不同專長學科之教師共同設計課程;在課程擬定主題的經驗上,可依學生生活背景經驗訂定主題,以提升學生與作品之共鳴;關於美感訓練提升的改善方面,建議增加一些角色創作與繪畫的課程,以加強學生角色繪製的基礎;至於STEAM-6E的實施方面,則是建議不要急著進行課程,而是提供讓學生思考討論的時間,以利吸收;另外,還要常與學生討論,因此,教學實踐計畫案的課程最好是安排3~4節,方有充分時間可與學生溝通與討論,並獲得許多新想法。

就教學面的部分,教師依舊要有耐心、循序漸進地仔細清楚講解,並在課程進行中,提供時間及案例讓學生思考及進行討論。學生們來到教室這個空間,他們期望可以學習到知識和技能,因此,老師在教學上要多一些同理心以及讚美,以強化學生的學習動機與良好的回饋。在實作成果上,可利用相互觀摩、業師協同與檢討等活動,以提升學生對美感設計以及動手實作的熱情。另外,對於教學助理定位的處理,應提升助理訓練,以取得教學內容一致性。而在學校VTuber整體設備改善方面,建議可以到業界廠商多觀摩,以擴增學習的視野,並提供良好的設備,以提升實作品質以及縮短製程時間。

伍、結論與建議

　　研究者運用STEAM-6E的教學初衷，最主要是欲改善課程的內涵與教學實施，並透過教學實踐計畫案將教學現場的情形，重新再度地反思。本次課程運用到行動研究，此研究方法正可增進教師專業成長與省思，茲將歷經18週的行動研究之心得與感想，分述如下。

　　STEAM融入課程對於過去傳統教學提供了更廣寬的思考。學生在學習設計時都會認為作品就是要畫得好、有特色、有美感，但是常忽略實作中含有的科學、技術、數學等學科。如果學生將一件作品操作得很順暢、正確與完整，也是要給予高度的肯定，因為美感的訓練，確實是比其他學科更需要時間的養成；然而，有不少美感能力不錯的學生，在操作上也是憑感覺的，未來在職場上與團隊合作恐怕會出現問題，所以各學科的培養都不能忽視。就STEAM-6E的課程實施方面，有時候教師因忙於工作而忽略了教學的管控，故教師應該於18週的課程期間做多次的導入，且教學的現場一定會有些無法預期的狀況發生，若多些實施將可減少失敗的經驗。另外，教學過程當中應儘量做紀錄以及讓操作簡單化，並建議在期中考週就可以寫期中報告的初稿，順便投稿至相關研討會，這些動作不僅可增進計畫案的執行，亦可協助成果與發表的撰寫。

　　6E模式是以一步步的教學步驟，引導學生前進的教學模式。研究者在STEAM-6E教學實施中，雖然大致上運作順暢，然而有時候也會遇到部分學生態度懶散的情況，例如：作業停留初階、作業拖延、缺課、不做問卷等，特別是當學生的學習進度緩慢時，應給予學生更多的關心與鼓勵，並以完成步驟有明確分數達標任務的指令，來改善此行為，雖然可能造成課程進度緩慢，但是只有讓6E循序漸進，讓學習有投入探索，才能對此實作有深化的效果，並可引導學生跟上進度開始實作。當大部分學生改變學習的參與態度，將改變教室的氛圍，其教學現場亦將產生不同的結果。

　　學生們透過改變得到正向之結果，讓研究者省思到教學模式應該隨著教學現場的改變而隨時保持靈活變動或調整，如此一來，方能使師生皆得以成長進步，使教師的教學、學生的學習均能獲得更佳成效。

誌謝

本研究承蒙教育部教學實踐研究計畫經費補助，計畫編號110第032號，特此致謝；感謝評審、教師和同學們熱心參與，尤其感謝論文匿名審查者用心指點，及教育部舉辦工作坊凝聚社群力量，在此一併感謝。

參考文獻

周惠柔、林弘昌（2018）。應用虛擬實境技術與6E教學模式於高中生活科技課程之結構教學單元設計。**科技與人力教育季刊**，4(3)，67-89。

畢瑛潔、白赫、段瑞夢、許靜（2018）。STEM教育在CUPT中的體現及創新能力培養模式初探。**物理實驗**，38(5)，32-36。

鍾智超、鄭博元、羅希哲、黃創業（2021）。STEAM虛擬實境實作PBL課程發展與滿意度分析。**人文社會科學研究：教育類**，15(2)，49-74。

Barry, N. B. (2014). The ITEEA 6E Learning by DeSIGNTM Model. *Technology and Engineering Teacher*, March, 14-19.

Bybee, R. W., Taylor, J. A., Gardner, A., Scotter, P. V., Powell, J. C., Westbrook, A., & Landers, N. (2006). *The BSCS 5E instructional model: Origins, effectiveness, and applications*. http://bscs.org/sites/default/files/_legacy/BSCS_5E_Instructional_Model-Executive_Summary_0.pdf

Chung, C. C., Lin, C. L., & Lou, S. J. (2018). Analysis of the learning effectiveness of the STEAM-6E special course—A case study about the creative design of IoT assistant devices for the elderly. *Sustainability*, 10(9), 3040.

Gruzova, A., & Zakharchuk, T. V. (2022). Opportunities for implementing STEAM principles in library and information education. *Vestnik of Saint Petersburg University of Culture*, 171-177. https://doi.org/10.30725/2619-0303-2022-4-171-177

Johnson, J. R. (1989). *Technology: Report of the project 2061 phase I technology panel.* American Association for the Advancement of Science.

Kelley, T. R. (2010). Staking the claim for the 'T' in STEM. *The Journal of Technology Studies, 36*(1), 2-11.

Lantz, H. B. (2009). *Science, technology, engineering, and mathematics (STEM) education: What form?* What function. http://www.currtechintegrations.com/pdf/STEMEducationArticle.pdf

Lin, C. L., & Chiang, J. K. (2019). Using 6E model in steam teaching activities to improve university students' learning satisfaction: A case of development seniors IoT smart cane creative design. *Journal of Internet Technology, 20*(7), 2109-2116.

Lin, Y. H., Lin, H. C. K., Wang, T. H., & Wu, C. H. (2023). Integrating the STEAM-6E model with virtual reality instruction: The contribution to motivation, effectiveness, satisfaction, and creativity of learners with diverse cognitive styles. *Sustainability, 15*(7), 6269. https://doi.org/10.3390/su15076269

Mote, C., Strelecki, K., & Johnson, K. (2014). Cultivating high-level organizational engagement to promote novel learning experiences in STEAM. *The STEAM Journal, 1*(2), 1-9. https://doi.org/10.5642/steam.20140102.18

Yakman, G. (2008, February). *STEAM education: An overview of creating a model of integrative education.* Paper presented at the Pupils' Attitudes Towards Technology on 19th ITEEA Conference, Salt Lake City, Utah.

Integrate the STEAM-6E model to conduct VTuber implementation development and teaching practice research

Mei-Chun Chang

Abstract

　　STEAM (Science, Technology, Engineering, Art, and Mathematics) teaching is an interdisciplinary integrated teaching. There is a complementary relationship between each subject, which cultivates students' ability to connect theory with the real world, thereby improving students' various abilities. The 6E model (Engage, Explore, Explain, Engineer, Enrich, Evaluate) is a learner-centered teaching model that emphasizes the presentation of real situations and the core concepts of design. It is quite suitable for integration into STEAM teaching. This study uses the 6E model in STEAM teaching activities to explore the impact on the overall learning outcomes (STEAM knowledge, creativity, and practical skills) of third-year learners, allowing learners to use "Taiwan's local business district" With the theme of "VTuber", we designed a virtual internet celebrity, considered the media products and development value that meet the needs of young people, designed digital content products, and used VRoid Studio 3D color modeling software to realize the products to improve students' learning outcomes.

　　The focus of this research design is to establish a VTuber creative talent training base in response to the digital media department. In addition, in response to the trend of VTuber role media economy in the digital era, it is hoped that students' original interests and expertise will be used for design teaching. This course takes practicality as the core concept. Emphasis is placed on integrating with industry cooperation and conducting collaborative teaching with industry experts. Therefore, the research design first simulates the model of industry case acceptance with course units, and initially compiles and produces teaching materials. The 6E model is introduced into the course to implement STEAM teaching. Based on the researcher's teaching environment, the problems that occur in the teaching field are explored, from the perspective of teachers and students. Interactive teaching and team discussion among three expert teachers help us think about teaching and propose improvement plans. Therefore, through planning, action, observation and reflection, teaching design adjustments and planning are carried out. The research phase is divided into two parts. The first part is the analysis of relevant data and expert discussions, followed by curriculum adjustment and teaching. Finally, through retrospective discussions between students and experts, course teaching suggestions are given. This paper conducts the first step of literature review. Preliminary discussion, expected results: (1) The current status of curriculum research using the 6E model in STEAM teaching; (1) Problems in implementing curriculum using the 6E model in STEAM teaching; (2) Problems in student learning using the 6E model in STEAM teaching.

Keywords: 6E, STEAM, virtual influencer, hands-on practice, learning outcomes

貳、主題內容與方法技巧案例分享

附錄(一)學生成果作品
1.元宇宙 Vtuber-兔拉美

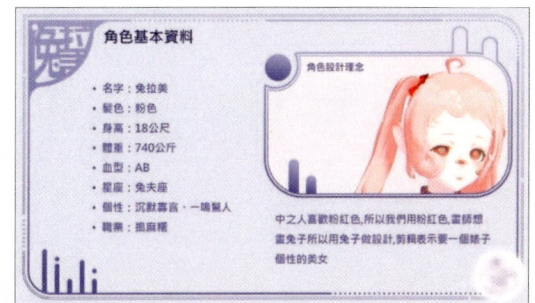

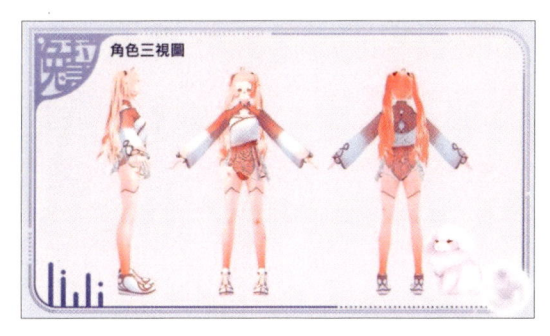

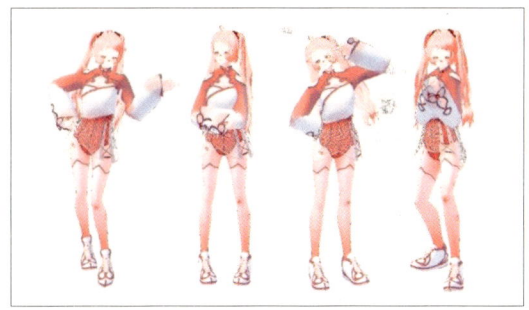

2.元宇宙 Vtuber-天市左垣

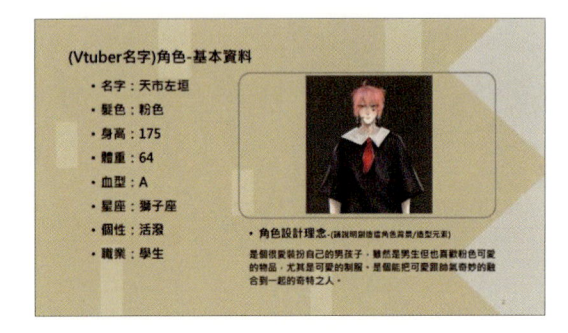

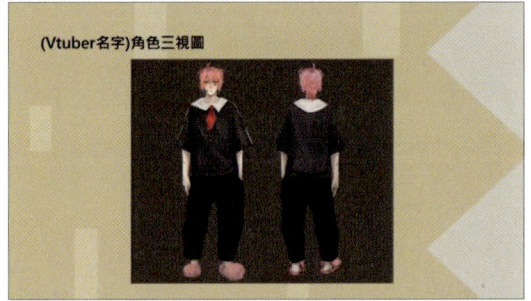

貳、主題內容與方法技巧案例分享

3.元宇宙 Vtuber-玉姐

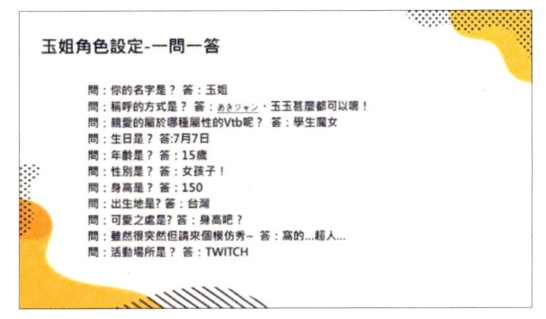

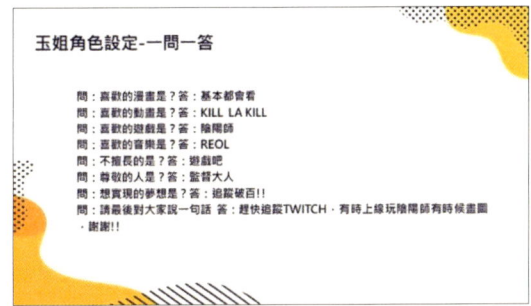

4.元宇宙 Vtuber-北笙璃茉

貳、主題內容與方法技巧案例分享

附錄(二) 學生海報成果作品

附錄(三) 數位教材製作—VTuber 角色創作

貳、主題內容與方法技巧案例分享

附錄(四)計劃案獲獎

以 110 學年度教學實踐計畫-「運用 6E 模式於 STEAM 教學活動提升 Vtuber 實作課程學習效能」，獲得[專案]-技術實作-績優計畫獎。日後將此成果彙整重撰投稿期刊發表。

教育部計畫辦公室舉辦之年度計畫
成果交流/績優平台/成果平台
https://tpr.moe.edu.tw/achievement/report

附錄(五) 榮譽榜刊登學生競賽獲獎

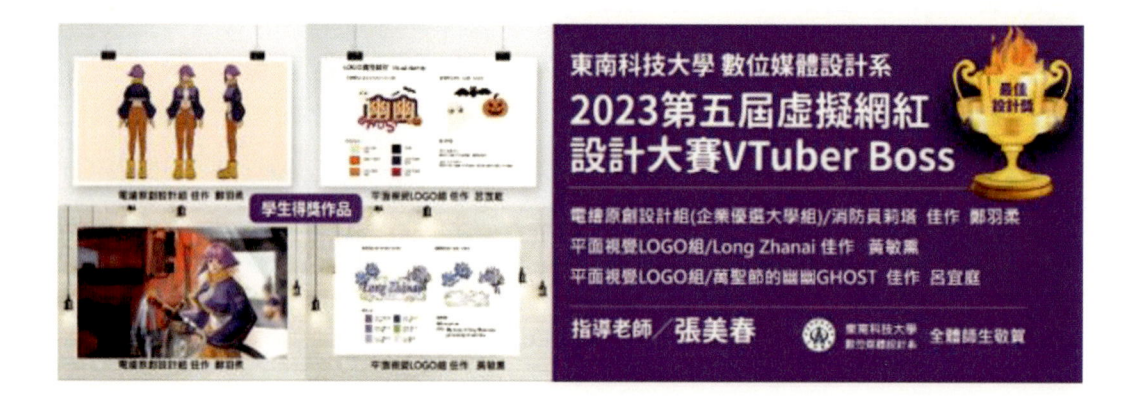

附錄(六) 校內校外講座簡報分享

2023/05/03，張美春，我的教學實踐研究績優計畫經驗分享，東南科技大學。

2023/03/30，張美春，111 學年度教學實踐研究計畫撰寫實務暨經驗分享研習會，台北城市科技大學。

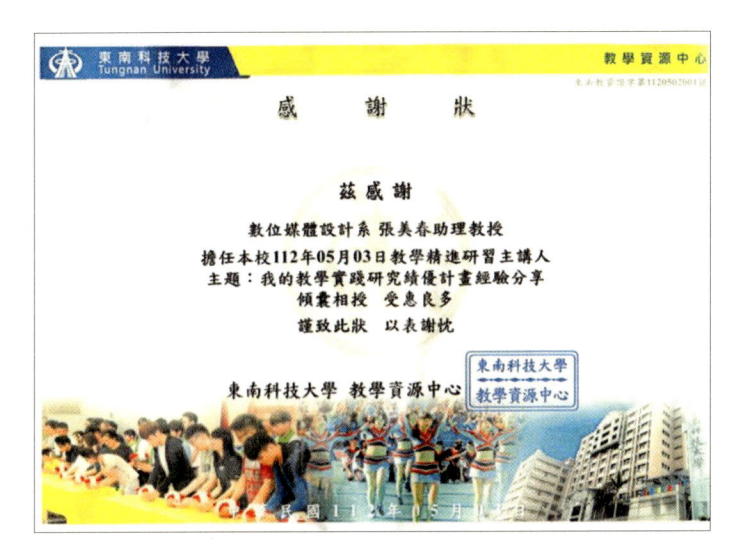

虛擬主播 VTuber 實作的創新教學實踐

附錄(七) 報告簡報節錄-校外績優講座計畫分享

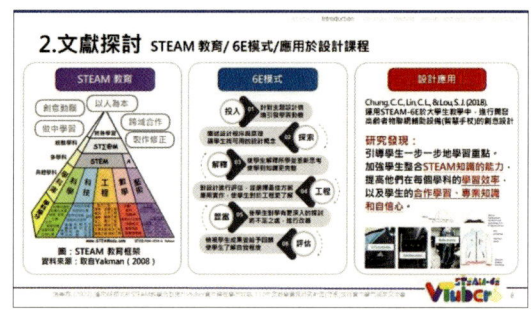

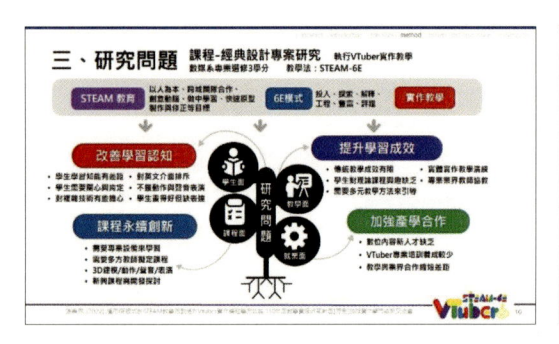

附錄(八) 報告簡報節錄-教學實踐研究績優講座經驗分享

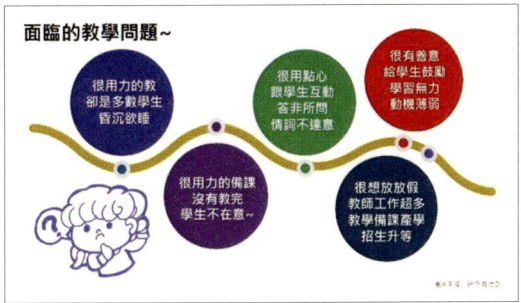

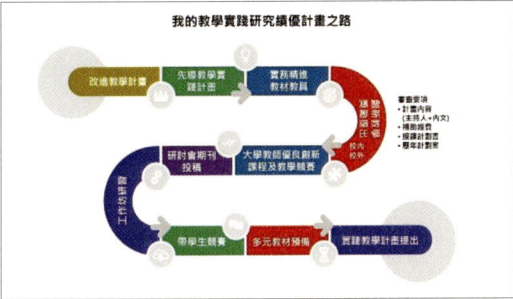

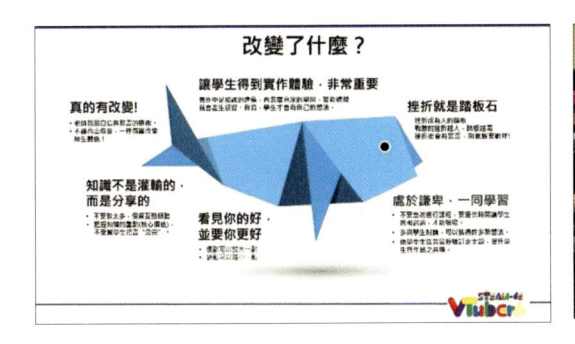

Case 2-案例二

跨領域體驗課程教學之初探：以 Vtuber 社群媒體創作為例

A preliminary study on cross-disciplinary experience course teaching: Taking Vtuber social media creation as an example

本篇刊登於 2022 第九屆海峽兩岸創新與融滲式教學研討會論文集
(東南科技大學) ISBN：879-957-8770-09-6

並獲「111 年度大專校院教學實踐研究計畫-創造思考策略融入 STEAM-6E 教學提升跨領域 Vtuber 創作學習效能」補助

經匿名審查通過

跨領域體驗課程教學之初探：以 Vtuber 社群媒體創作為例

摘要

  因應全球化的經營模式與競爭，跨領域合作已逐漸取代傳統的個人運作模式，而跨領域學習已成為新時代教育重要的課題。本文主要以新北市某科技大學之一年級跨領域體驗課程，進行探討「Vtuber 社群媒體創作」之跨領域課程設計、教學策略與教學歷程等，就目前實施的問題及未來教學的可行性，進行思考與討論。研究方法採用個案研究法(Case Study)與訪談法（Interview Survey），個案研究法是以經驗為主的調查法，這種調查法以深入研究當前社會現象與真實生活，首收先會將 110 學年度課程「Vtuber 社群媒體創作」教學歷程進行彙整與分析，接續將課程內容與學生、授課教師與業師進行教學的討論，進一步瞭解現場教學可能的問題與改善的做法。

  數位經濟當道時代，虛擬 YouTuber（Virtual YouTuber、又稱 VTuber）熱潮正在席捲全球，在網路上越來越多「虛擬 YouTuber」崛起，「Vtuber」社群媒體創作為現代新興的設計趨勢，深受年輕人喜愛的角色頻道，可以以此課程來認識「虛擬角色」為主角的創作媒體。此 VTuber 設計是一個結合思考與實踐的歷程，如何去運用知識概念及工作程序來完成作品，本文透過學習歷程，並加上學生與教師們的反思探討，預期將成果呈現有：(1) 跨領域學生在 Vtuber 實作活動中的學習歷程的問題與表現；(2) 跨領域體驗課程實施之問題與教學反思。

關鍵字：跨領域體驗課程、跨領域教學、Vtuber、社群媒體創作

壹、前言

一、研究動機與背景

2021 年元宇宙（Metaverse）概念的興起，加上因應疫情所帶來的媒體改變，社交媒體逐漸運用著虛擬角色進而引起大眾的關注，其影響著數位產業及課程的內容與發展；有鑑於此，110 學年度本研究以「VTuber 實作」進行課程教學，發現學生們對於 VTuber 製作技術有著高度的興趣，其結果發現諸多的問題，後續繼續調整並改善其教學內容。其中，特別是跨領域（cross-curricular approach）概念實施於課程當中，台灣在 2014 年公布十二年國民基本教育課程綱要（下稱十二年課綱），新課綱鼓勵高中階段則透過跨領域／科目專題、實作課程，強化跨領域／科目的課程統整和應用（台灣教育部，2014），於 108 課綱中，十分強調「跨領域」的功能與重要性，大學端因應著 108 課綱內容，在課程內涵上應有些調整與措施，來應變這教育的改革。

於 108 課綱中，「領域」（area）有其意義，關係到學生學習範疇的劃分、寬廣且關聯學習內涵的提供，以及協助學生獲得統整的學習經驗（楊俊鴻，2022），也因此，就「領域」與傳統「科目」、「學科」概念的比較之下，更顯現出以學習者為中心的價值。跨領域課程是在引導學生連結、整合不同學科領域的概念和方法以解決問題，並能令學習更豐富並增加關聯，幫助學生理解世界（Yeung & Lam, 2007）。過去就課程而言，是傳統「科目」（subject）、「學科」（discipline）概念的來思考，根據某學科專精深入去發展，然而卻忽略其他學科的基礎能力。

就「跨領域」的課程，不再是別系學生來學習其他系的操作方法，而是課程中，也要有跨學科的基礎素養概念，例如：STEAM 跨域教學，其課程運用科學（Science）、科技（Technology）、工程（Engineering）、人文藝術（Art）、數學（Mathematics）中，兩個（含）學科以上的知識或能力來完成任務（Long & Davis, 2017；Perignat & Katz-Buonincontro, 2019）。STEAM 的本質為跨科、跨領域的整合課程，具體的教學概念是以虛擬情境與實作設計為主體，融入科學或其他學科概念，來組織教學，形成 STEAM 導向的課程模組（羅希哲、陳柏豪、石儒居、蔡華齡、蔡慧音，2009）。洪佳儀、宋涵鈺

貳、主題內容與方法技巧案例分享

（2020）將電腦輔助教材導入國小 STEM 專題式課程中，結果發現以「學生為學習中心」的課程安排，提升了學生的學習動機。跨領域概念與STEAM教學運用上，都有其「以學習者為中心」的價值存在。

就上述而言，本研究跨領域體驗-「Vtuber 社群媒體創作」，首先在課程內容的設計上，VTuber 創作是需要跨領域教師共同協力完成，其需要資訊工程、角色造型美術創作、聲音動作表演及動補設備技術等課程內容，就前期實施發現，其課程開始前，需要多位專家意見討論方便來進行教材的擬定，現場實作的教材製作是比較費時的，就多媒體學習理論而言，非基礎學習者，內容應以學習者容易閱讀、熟悉語言與簡單的動作為主。

圖1 計劃案研究發想的背景　資料來源：本研究彙整

因應著社群媒體新興工具的發展，數媒系於2018年成立 Vtuber 創作人才培訓基地，學校也大力推廣著跨領域體驗課程，就 110 學年度教學實踐計畫針對數媒系專業選課程進行「Vtuber 實作」教學，加上元宇宙成為國家前瞻科技發展重點之一之下，非本科系學生對於 Vtuber 也有著好奇與興趣；因此，本研究針對於非本科一年級學生學習的程度

考量，就「Vtuber 角色」課程設計上，在角色建模的製作，就要以「跨域」與「體驗」的概念導入，從零基礎的概念去思考，這些非本科學生在學習上的問題，減少過多複雜、專業的教學步驟，輔以數位教材來培養學生軟體基礎的操作能力。

本研究就其「VTuber 社群媒體創作」課程內容上，跨領域課程以非本科一年級學生為主，以六周為一單元（一學分），分三梯次學生修課，本校其他系有：餐飲系、表藝系、休管系、電機系、機械工程等等；由於非本科系學生尚未受到設計專業的學習，本研究著重於VTuber角色如何在社群媒體中說話與表演等，充分去展現VTuber的個性與魅力，以及數位技術整合應用。本研究著重的方向，就一個跨領域課程來探討學生對於「VTuber 社群媒體創作」的學習表現，期望可以藉由上次研究基礎，來改善教學的內容與品質。

二、研究目的

基於上述研究背景與動機，本研究擬採行動研究的方式，透過觀察、問卷、行動及反思，藉由探究式學習方式於技專院校數位媒體設計系「跨領域體驗-VTuber 社群媒體創作」課程進行教學。本研究目的分述如下。

1.跨領域學生在 Vtuber 實作活動中的學習歷程的問題與表現。

2.跨領域體驗課程實施之問題與教學反思。

貳、文獻探討

一、跨領域課程與 STEAM

STEAM 為縮寫字，取五個學科名的字首所組成，其課程目的為讓學生在課程學習時，將不同學科知識連結在一起，轉變成一個應用整合的實作課程，並強調在一個主題課程中，運用科學（Science）、科技（Technology）、工程（Engineering）、人文藝術（Art）、數學（Mathematics）中，兩個（含）學科以上的知識或能力來完成任務（Long & Davis, 2017；Perignat & Katz-Buonincontro, 2019）。其中需特別注意的是，「A」代表「Art」的不僅限於視覺藝術或表演藝術（如繪畫、攝影、雕塑、舞蹈、寫作等），也包

含有美學、藝術史、藝術製作或製作、表演等內涵（Perignat & Katz-Buonincontro, 2019）。

二十世紀九十年代的美國發展了一套由科學、科技、工程及數學等四個學科整合而成的 STEM 教育，STEM 整合式教學之所以受到重視，原因是傳統的科學與數學教育常因僅著重在知識的描述，而缺乏提供學生應用這些知識以解決日常生活中所面臨問題的機會（Johnson, 1989）。STEM 亦即 STEAM 教育的前身，就是將科學、科技、工程與數學知識與技能整合在一起，經由專題式學習模式，培養出學生針對生活情境進行解決的能力，協助學生透過工程設計及科學探究的歷程，將自身之概念性或程序性的知識加以整合（Kelley，2010）。

Lantz（2009）指出，在設計與研發 STEM 課程的過程中，應具備以下要素：（1）依循跨學科課程整合的理念進行課程設計；（2）以能力指標（Standards）為課程內容的引導；（3）使用 Backward design（逆向課程設計模式）；（4）使用問題導向（Problem-based learning）以及學習表現導向學習（Performance-based learning）；（5）使用 5E 學習環來規劃學習活動；（6）運用數位學習科技輔助教學活動的實施；（7）同時應用形成性和總結性評量，並規劃適切的評量規準。5E 學習環(5E Learning Cycle)是美國 BSCS 小學科學課程近年發展出來，含有建構主義特性的教學模式。這五個階段依序為：投入(engagement)、探索(exploration)、解釋(explanation)、精緻化(elaboration)、以及評量(evaluation)，統稱為 BSCS 之 5E 建構式教學模式（Bybee, 1990；Bybee&Landes, 1988）。

二、跨領域課程架構設計

Drake 與 Burns（2004）提出 KDB 跨領域課程設計架構可為參考（如圖 3）。KDB 分別為「知道」（Know）、「做到」（Do）與「存有」（Be）三個課程發展要素，為培育學生 21 世紀的核心能力。在跨領域課程設計上，第一是「知道」層次，由最底層記憶性事實開始，依序往上為主題、學科概念、跨領域概念到持久性的理解。其次為「做到」層次，由下而上分別有低層次技能（如：回憶、描述）、學科技能至高層次複雜性的跨領域表現技能（如：批判思考）。而連結這兩個部分，扮演中介橋樑為「存有」，透過課程設計涵育學習者的心理健康、個人成長、社會情緒學習、態度或價值等。整體而言，

Know、Do 和 Be 三者是相互關聯，例如：學生透過跨領域的學習，理解公民的概念（Know），並且表現公民行為（Do），成為一位好公民（Be）。

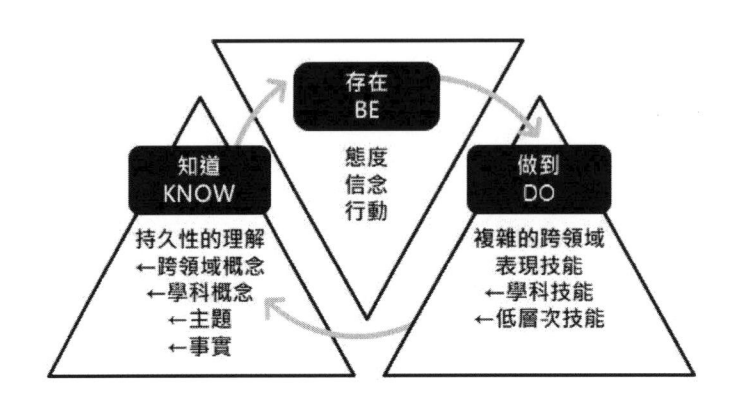

圖3 KDB 跨領域課程設計架構　　資料來源：本研究彙整

在學校課程實施中，第一線教師是課程改革的執行者，因此，在教師的課程發展專業與課程設計的能力是十分重要的。所謂課程「設計」的起點是以問題的溝通開始，接著提出實施計畫以解決問題為終點。課程設計的歷程包含教學目標之設定、教學活動的選擇與組織，以及執行回饋的評鑑工作。因此，跨領域課程設計之內涵是以實務為出發，設計一套課程表現任務來達成課程目標。課程設計內含包含目標、內容、方法、活動、教材及評鑑、空間、時間、資源、教學策略、學生組織、教師專長等（黃光雄、蔡清田，2015）。Jacobs 就認為課程設計本身就是創造問題解決的過程，因此當我們解決問題的同時就是跨領域的學習（Jacobs, 1989）。

Jacobs 提出跨領域課程設計的步驟：（1）選擇主題的組織中心、（2）進行主題相關的腦力激盪、（3）發展核心問題並設計教與學的範圍與順序、（4）組織學習活動與評量（陳佩英，2018）。素養導向教學實務一書提到，跨領域課程具有主題統整的本質，學校教師發展跨領域課程的步驟：（1）選定主題、（2）撰寫課程目標、（3）課程設計、（4）決定課程脈絡、（5）設計表現任務（劉世雄，2020）。

跨領域課程應適應社會的迅速變遷，目前的產業結構多半因科技的發展而變化迅速，加上在社會及人們生活模式的需求下，所謂熱門的行業及科系都容易在短時間內退

燒，學校可提供數個課程或學程供學生選擇，以較彈性的方式讓學生有多元學習的機會。最後是課程之彈性化趨勢，實用性的知識常隨著時間及科技的發展而日新月異，跨領域的整合無論對學生或是產業界來說都是必要的，學校可視各界需求提供不同的學程，因應趨勢與轉變。

三、VTuber 社群媒體創作

社群媒體數位工具的類型具有多種功能應用，由於網路的進步與便利性，使人們的社交模式轉移至網路上。社群媒體所提供的功能，主要有：（1）社交功能：使用者可發佈圖像與文字資訊進行交流；（2）娛樂功能：具有互動、打發時間等娛樂感（Johnson & Ranzini, 2018）。（3）資訊功能：可作為獲取資訊、新聞或消息的重要平台（Guo, Kim, & Rubin, 2014）。（4）其他功能：將社群媒體作為展現專業技能與創作的工具（Park, Kim, & Na, 2015）。綜合上述，社群媒體的社交功能滿足了建立關係、關注朋友、與他人交流溝通等社交目的（賴偉嘉，2018）。

由於虛擬網紅 Vtuber 興起，因應更多創作者的需求，Pixiv 公司所開發的 VRoid 3D 角色建模工具（如圖 4），就符合年輕學習者來進行設計，而不是套用既定的素材，可將 2D 影像轉變為動態角色，運用動作捕捉設備，可用自己的表情控制角色，以語音生成對嘴動畫影片，創造具有 3D 視差的場景，製作 2D 視覺特效。國外學者歸納出，Vtuber 數位工具學習應用於教育具有三項特性：（1）可讓學習者更快速創建 3D 角色設計，並結合 AR/VR 技術來實現虛實整合，（2）可釋出新的學習策略和教學方式，對於沒有使用電腦經驗的學習者而言也可快速上手，（3）能使學習者專注於學習內容中，讓學習不在僅侷限於固有書本中的文字或圖示（Zhao, Z., Han, F., & Ma, X, 2020）。

圖 4 VTuber 社群媒體軟體應用　資料來源：本研究彙整

參、研究方法

一、研究設計

就「VTuber 社群媒體創作」課程是數位媒體設計系跨領域體驗選修課程，課程是以「跨領域體驗」為核心概念，課程以非數媒系一年級學生為主，是以推廣 VTuber 社群媒體跨領域創作，結合著各領域專家進行合作教學。本研究旨在解決研究者教學現場中所面臨的問題，依據行動研究中「計畫→行動→觀察→反省→修正」，這五步驟循環進行研究設計。當研究者發現問題，確定研究目的後，即開始著手尋找專家諮詢、閱讀相關文獻，並從中加以尋求問題解決方法，如圖 5 研究與教學步驟。

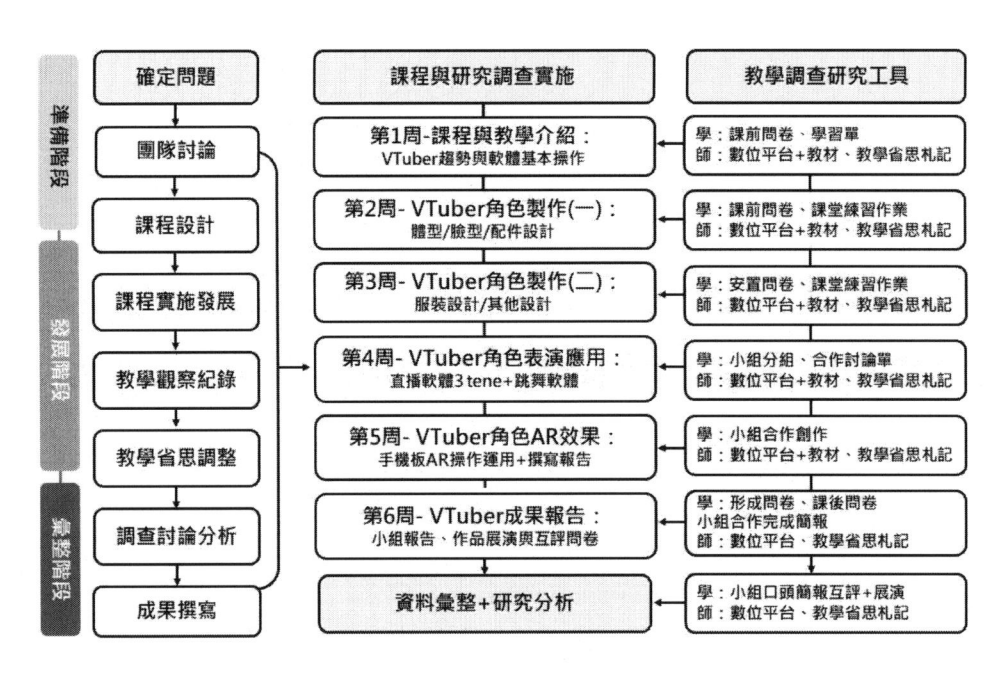

圖 5 VTuber 社群媒體創作課程研究流程　資料來源：本研究彙整

二、研究對象及場域

本研究場域在新北市某技專院校數位媒體設計系施行，研究者使用專業電腦教室以 VTuber 角色數位工具與相關社群媒體工具，並於教室進行教學。數媒系提供數位錄音教

室、數位虛擬攝影棚、VTuber 動作捕捉專業教室，電腦教室亦提供上網，學校提供數位學習系統（moodle）可瀏覽研究者課程教材；研究對象以學校跨領域體驗非科系一年級同學為主，跨領域體驗「VTuber 社群媒體創作」分三梯次學生來修課，來自任教學校非數媒系學生，每次修課人數約 30 名；以六周為一梯次課程，計有 90 人次，進行 18 週的研究教學；實施教學研究前，學生無須具備專業能力，以非本科學生為主；第一梯次由其他老師來授課，第二、三梯由研究者授課，由於疫情的影響因素，第三梯改線上授課，有影響其成果，本研究以第 2 梯次課程所獲得資料進行研究撰寫。

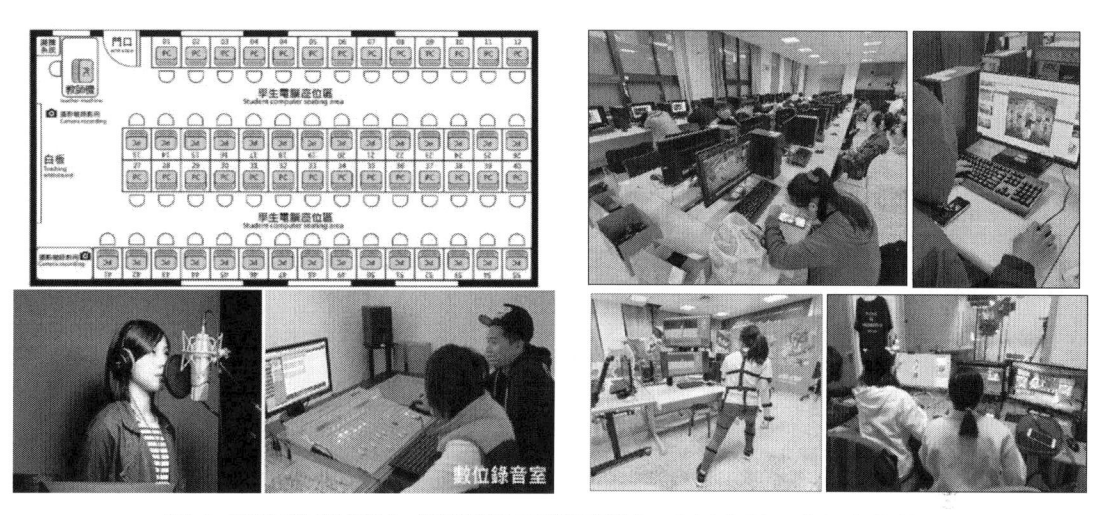

圖 6 研究教學場域（專業教室與展演） 資料來源：本研究彙整

三、研究工具與實施

本研究之質性資料蒐集，主要將以教學省思札記、實作歷程-設計初稿單與訪談分析三種方式進行資料整理與歸納分析，對學生「VTuber 社群媒體創作」作品進行「作品表現評量」，以達到研究目的與需要。

四、資料處理與分析

本研究所蒐集之文件資料，主要質性資料，包括學生訪談紀錄表、作品歷程-設計色稿單以及教學省思札記；就量化資料方面，包括：課堂內容學習問卷、成品評量表。

肆、研究結果與討論

一、教學過程與成果

　　VTuber 社群媒體創作課程規畫主要以角色設計為主，有 6 週教學，包含：2 週課程介紹與 VTuber 軟體教學、2 週 VTuber 造型與服裝設計應用、2 週 AR 應用與簡報製作、最後成果分享。如圖1，是 VTuber 角色建模軟體 VRoid 軟體介面與功能，它可以提供使用者基本素模、臉型、五官、身型、頭髮、服裝與配件等進行選擇，並針對各項目進行內部編輯繪圖與修改。圖2，則是不同系學生經過6周的學習，完成的角色成果作品。參加 VTuber 社群媒體創作課程學習的人數、系別如表1所示，第一梯次有 28 人、第二梯次有 32 人、第三梯次有 30 人，計有 90 人；系別有電子系、機械系、電機系、應英系、餐飲系、數遊系、創設系、表藝系等 8 系來參加。

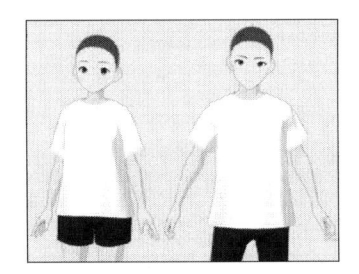

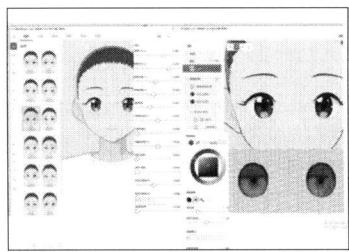

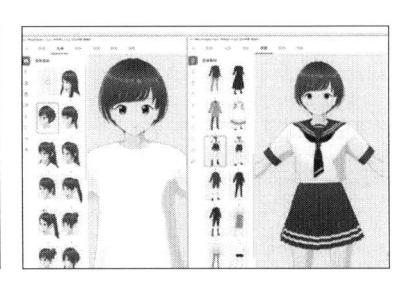

圖 7　VRoid 軟體介面與功能　資料來源：本研究彙整

表 1　參加第二梯次課程學生系別與人數

系別	女	男	人數
創設	1	4	5
應英	3	3	6
機械	0	5	5
表藝	4	1	5
遊戲	1	2	3
電子	0	4	4
電機	1	5	6
餐旅	0	5	5
	10	29	39

1.電子系	2.電機系	3.電機系	4.電機系	5.電機系	6.機械系	7.電機系
8.電機系	9.電機系	10.應英系	11.應英系	12.應英系	13.應英系	14.餐飲系
15.數遊系	16.表藝系	17.表藝系	18.表藝系	19.表藝系	20.創設系	21.創設系

圖 9 VTuber 角色學生作品(代表樣本)　資料來源：本研究彙整

二、學生對 VTuber 社群媒體創作的學習看法

首先課程安排 VTuber 角色造型的設計，讓學生以熟習東南科大學生角色為主，進行角色創作，如圖 10，學生從準備階段、資料蒐集、製作、改進、反思等階段進行紀錄，導入 STEAM 跨域探究式的學習，讓學生透過 6 週進行學習，剛開始大部分學生對於電腦操作及資訊素養，都需要反覆教學與提醒，才可以逐漸上手，每次課程都有課前數位教材，提前告知上課內容，每次上課有螢幕錄影紀錄上課的內容，以此來改善教學的學習品質；另外，目前 VTuber 女性角色居多，但是本校工科教多，跨領域體驗以男生也居多，佔 74%，大部分男生都以男性素模進行製作，但是教材大多是女生為主，這部分也形成

課程教案有做修改的地方。

1.準備階段：(科學→參與、探索) 企劃構思與蒐集，讓同學實際到場域進行情境觀察與資料蒐集。以東南科大校園學生為主，角色元素來自實際生活的印象與場域資料考察。
2.環境資料元素蒐集與觀察：(科學→探索、解釋) 從圖像中來發展角色造型概念。
3.實施階段製作過程：(科技與工程→建造)頭髮骨架建模以及服裝改編比較有問題。 調整頭髮對學生來說有點困難，因為不會操控每一次做的頭髮都很難看！最後還是用了應用原有的頭髮，當然也有自己修改一下啦！
4.改進階段：(藝術與技術→深化、豐富)**有困難如何解決呢？** 就是網上找資料以及問同學該怎麼做，有時候會放棄，就用了簡單操作來完成。
5.反思階段：最後還可以拍照透過攝影鏡頭來改變人物，人物表情也會跟著情緒而有所不同，當我以為這樣就結束了，老師突然說我們還可以讓人物動起來喔！還有跟不可思議的就是讓人物跟著音樂跳舞！我很開心可以學到系外的知識，也讓我知道原來VTUBER那麼有趣。
階段1：基礎　　階段2：頭髮　　階段3：服裝　　階段4：定稿
完成作品創作理念： 名字：書書，生日：2160.06.12，星座：雙子座，身高：145，體重：40，出身地：AIR星球，愛好：陪伴，不喜歡的事物：看到別人傷心，職業：心理治療師。角色外型：貴族學院風格。角色內在：活潑開朗，樂於助人。顏色選用：褐色，深藍色，酒紅色。

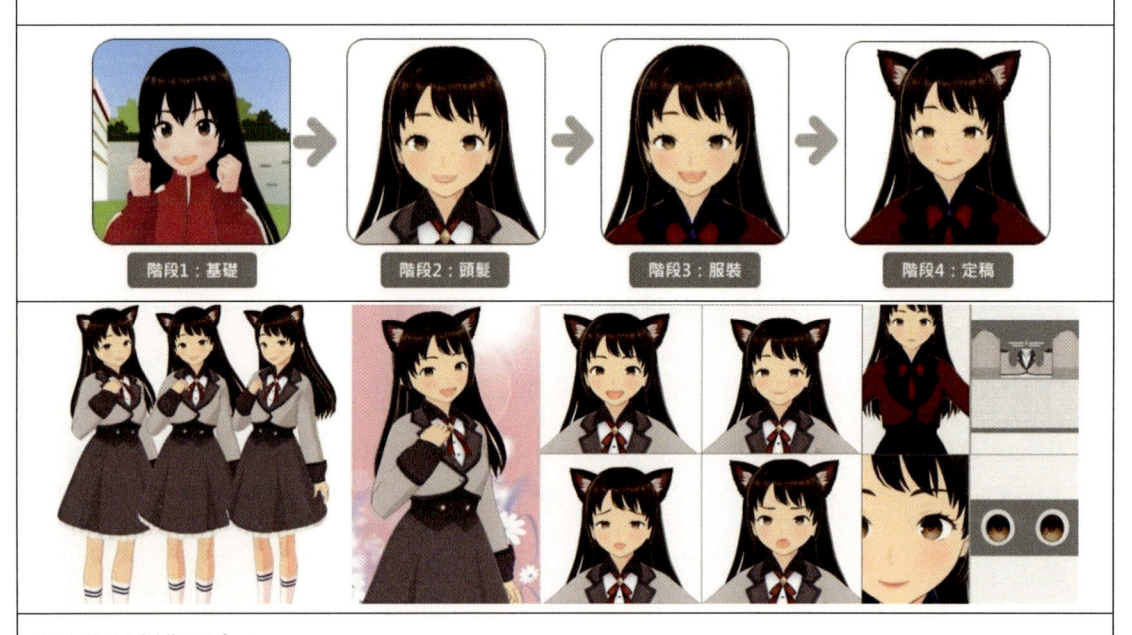

圖 10 VTuber角色教學與學習紀錄　資料來源：本研究整理

如圖 9~10，這是大二梯次學生的 VTuber 設計，各系學生有：15 名工科學生(38.4%)、11 名商科學生(28.2%)、13 名表藝設計學生(33.2%)，學生經過 6 週的學習，與第一週和第六週成果相比，一半部分以上同學作品改變其差異不大，第三週後就針對原來的角色僅細部的修改，由於角色設計完成，創作者可以即時跟腳色互動，甚至可以讓角色動起來。學生反應：「第一次接觸到 Vtuber 這方面的課程，覺得是一個滿不錯的體驗。」就非本系的學生在學習，很多接觸這麼多的軟體的運用，也有學生表示：「雖然吸收得部分不是那麼的完全，但能夠看到自己的角色，能像活的一樣跳動，真的是滿有成就感的，也是非常不錯的一趟學習。」

三、學生學習歷程與回饋

如圖 11~13，大部分學生都認為可以用此軟體來繪製 3D 建模，在短時間內可以初步看到成果，但是也出現些學習的問題，例如：軟體的語言、自由度較少、3D 頭髮骨架設立、頭髮物理表現、同學們角色造型太接近等等問題。就學習的分享，學生認為學習 VTuber 角色快速製作、動態表演最為有趣。

學生回饋
不過從做這個 VTuber 開始，感覺自己創造了一個鮮活的生命，天 啊!我不敢相信這東西配上聲音和動作，完全就是一個活生生的生命啊!不過在衣服的設計上，留了自己的惡趣味，把自己的朋友的梗圖弄在上面，雖然當初只是一個玩笑話，不過是蠻好笑的!

學習 VRoid 那一部分最困難?
下來就是頭髮的顏色和自己想要的長度。調整頭髮對我來說有點困難，因為不會操控每一次做的頭髮都很難看！最後我還是用了應用原有的頭髮，當然我也有自己修改一下啦！(S08)

學生回饋
之前就有看過類似的虛擬主播影片，蠻好奇如何做成的，經過這節課讓我了解到了！第一次接觸到虛擬主播的課程，是一個還可以的體驗啦，就當作一種經驗哈哈，即使能實際操作的不多，但也能實際地體會到相關產業的內容~(S32)

透過此次的 VTuber 角色創作學習，學生們對 VTuber 課程的給予正面的肯定，大部分學生對於此數位工具的運用，可以協助角色設計的塑型與便利，讓學習者容易完成作品、具有成就感，雖然有出現其他操作的問題，其他同學可克服問題完成作品。

圖12 VTuber 虛擬角色 AR 應用　資料來源：本研究整理

圖 13 Vtuber 實作學習與修改的發展　資料來源：本研究整理

四、教師教學反思

就跨領域體驗「VTuber 社群媒體創作」的課程面向而言，由於第一次導入 STEAM 跨域教學，以及嘗試教授各領域的學生，還是有許多地方在執行上面的問題，為避免產生跨領域課程設計盲點與挫折。首先，可結合不同專長學科之教師共同設計，就於課程擬定主題的經驗上，可依學生生活經驗、各系專長訂定主題，提升學生與作品之共鳴；至於關於美感訓練提升的改善，建議引導學生認識角色作品與賞析；跨領域體驗課程實施，不要急著進行課程操作與製作作品，要提供時間讓學生多點認識這門課程的特色、思考討論，透過課程來吸收，多與學生討論，這樣有充分時間可與學生溝通與討論，並可以獲得許多新想法。

就教學面的部份，教師依舊要有耐心、循序漸進仔細清楚講解，課程進行中，提供時間及案例讓學生思考、重複操作及進行討論；在實作成果上，雖然短時間內，無法看到大部分學生都有具體的作品，但是這非本系學生上，可以學習到如何從零基礎開始來教學的相關問題。

伍、結論

由於數媒系於 2018 年成立 VTuber 人才培訓基地，這幾年系上團隊就針對 VTuber 虛擬角色進行教學及研究計畫案提出、人才培訓、產學合作等等，注入許多的心力在此主題的上面，也因應教育部 108 課綱跨領域的課程推廣，期望非本科的學生，透過有學習範疇的劃分，來協助學生獲得統整的學習經驗（楊俊鴻，2022），並對於 VTuber 虛擬角色更有些認識。

本課程導入運用STEAM跨域的教學，最主要是來改善課程的內涵與教學實施，透過教學現場的觀察與調查的紀錄，重新再度的探討思考。跨領域教學最主要的主體是學生，在課程中可以引導學生整合不同學科領域的方法，讓學習 VTuber 是更豐富且有趣，由於大部分學生對於電腦的接觸較少，可以嘗試更輕鬆、更緩慢的電腦教學，可以多到學生電腦旁邊親自操作教學，讓學生多認識老師、多熟悉老師的教學風格，

學生們透過改變得到正向之結果，因此，讓研究者省思到教學模式應該隨著教學現場的改變，而隨時保持靈活變動或調整，如此一來師生皆成長進步，使教師的教學、學生的學習均能獲得更佳成效。

誌謝

本研究承蒙教育部教學實踐研究計畫經費補助，特此致謝；感謝評審、業師和同學們熱心參與，尤其感謝論文匿名審查者用心指點及教育部舉辦工作坊凝聚社群力量，在此一併感謝。

參考文獻

周淑卿、王郁雯. (2019).從課程統整到跨領域課程：臺灣二十年的論述與問題。教育學報（香港中文大學），7(2)，41-59.

林坤誼（2014）。STEM 科際整合教育培養整合理論與實務的科技人才。科技與人力教育季刊，1（1），2-17。

洪佳儀、宋涵鈺. (2017). 透過課內翻轉進行國小 STEM 精緻化教學 STEM/STEAM 與跨學科教育.

張嘉育、林肇基. (2019). 推動高等教育跨領域學習：趨勢、迷思、途徑與 挑戰。課程與教學季刊，22(2)，31-48.

張韻（2016）。STEM 教育和科學課程的融合與創新。Conference Proceedings of the 20th Global Chinese Conference on Computers in Education 2016. Hong Kong: The Hong Kong Institute of Education.

教育部. (2021). 十二年國民基本教育課程綱要總綱（修正版）.臺北市：作者.

畢瑛潔, 白赫, 段瑞夢, & 許靜. (2018). STEM 教育在 CUPT 中的體現及創新能力培養模式初探. *物理實驗*, 5.

陳佩英、愛思客團隊 (2017).跨領域素養導向課程設計初階工作坊實踐手冊。臺北市:教育部國民及學前教育署.

陳佩英. (2018). 跨領域素養導向課程設計工作坊之構思與實踐. *Journal of Curriculum Studies*, 13(2), 21-42.

湯維玲. (2019). 探究美國 STEM 與 STEAM 教育的發展。課程與教學季刊， 22(2)，49-78。

黃光雄、蔡清田. (2015). *課程發展與設計新論*. 台灣五南圖書出版股份有限公司.

楊俊鴻. (2022). 第十二章 學校衛生教育. *中華民國教育年報*, 421-475.

蔡宏為. (2020). 利用虛擬實境與創造力技法於專題導向式 STEAM 課程對學習成效, 創造力, 自我效能與實作能力之影響.

Bybee, R. W. (1990). Science for life & living: An elementary school science program from biological sciences curriculum study. *The American Biology Teacher*, *52*(2), 92-98.

Bybee, R. W., & Landes, N. M. (1988). The science-technology-society (STS) theme in elementary school science. *Bulletin of Science, Technology & Society*, *8*(6), 573-579.

Drake, S. M., & Burns, R. C. (2004). *Meeting standards through integrated curriculum*. ASCD.

Guo, P. J., Kim, J., & Rubin, R. (2014, March). How video production affects student engagement: An empirical study of MOOC videos. In *Proceedings of the first ACM conference on Learning@ scale conference* (pp. 41-50).

Jacobs, H. H. (1989). *Interdisciplinary curriculum: Design and implementation*. Association for Supervision and Curriculum Development, 1250 N. Pitt Street, Alexandria, VA 22314.

Johnson, B. K., & Ranzini, G. (2018). Click here to look clever: Self-presentation via selective sharing of music and film on social media. *Computers in Human Behavior*, *82*, 148-158.

Johnson, R. A. (1989). *He: Understanding masculine psychology* (pp. 2-3). New York: Harper & Row.

Kelley, T. (2010). Staking the Claim for the. *Journal of Technology Studies*, *36*(1), 2-11.

Lantz, H. B. (2009). Science, technology, engineering, and mathematics (STEM) education: What form? What function. *Last modified*.

Perignat, E., & Katz-Buonincontro, J. (2019). STEAM in practice and research: An integrative literature review. *Thinking skills and creativity*, *31*, 31-43.

Wahyuningsih, S., Nurjanah, N. E., Rasmani, U. E. E., Hafidah, R., Pudyaningtyas, A. R., & Syamsuddin, M. M. (2020). STEAM learning in early childhood education: A literature review. *International Journal of Pedagogy and Teacher Education*, *4*(1), 33-44.

Yeung, S. Y. S. & Lam, C. C. (2007). Teachers' conception of curriculum integration: A problem hindering its implementation in Hong Kong. Education Journal, 35(2), 1-36.

A preliminary study on cross-disciplinary experience course teaching: Taking Vtuber social media creation as an example

Abstract

In response to global business models and competition, cross-field cooperation has gradually replaced the traditional individual operation model, and cross-field learning has become an important topic in education in the new era. This article mainly uses a cross-disciplinary experience course for first-year students at a university of science and technology in New Taipei City to explore the cross-disciplinary course design, teaching strategies, and teaching process of "Vtuber social media creation", and discusses the current implementation problems and the feasibility of future teaching. Think and discuss. The research method adopts case study and interview survey. Case study is an experience-based survey method. This survey method is to deeply study current social phenomena and real life. The teaching process of the academic year course "Vtuber Social Media Creation" was summarized and analyzed, and the course content was discussed with students, teachers and industry teachers to further understand the possible problems and improvement methods of on-site teaching.

In the era of digital economy, the craze of virtual YouTuber (also known as VTuber) is sweeping the world. More and more "virtual YouTubers" are emerging on the Internet. "Vtuber" social media creation has become a new design trend in modern times and is deeply loved by young people. This course is a channel for people to watch their favorite characters. You can use it to learn about creative media with "virtual characters" as the protagonists. This VTuber design is a process that combines thinking and practice. How to use knowledge concepts and work procedures to complete the work. Through the learning process, coupled with the reflection and discussion of students and teachers, this article is expected to present the following results: (1) Problems and performances of cross-disciplinary students' learning process in Vtuber practical activities; (2) Problems and teaching reflections in the implementation of cross-disciplinary experience courses.

Keywords: cross-disciplinary experience course, cross-disciplinary teaching, Vtuber, social media creation

Case 3-案例三

奇思妙想—探究 STEAM 於虛擬角色之聯想學習體驗

Wonderful Ideas - Exploring the Associative Learning Experience of STEAM and Virtual Characters

本篇刊登於 2023 第十屆海峽兩岸創新與融滲式教學研討會論文集

東南科技大學 出版 ISBN：978-957-8770-10-2

獲「112 年度大專校院教學實踐研究計畫-STEAM 結合跨領域提升虛擬人形象設計之實作技能與學習成效」補助

經匿名審查通過

奇思妙想—探究 STEAM 於虛擬角色之聯想學習體驗

摘要

　　本研究進行「虛擬人形象設計」之技術人才培育與研究，特別是在數位內容人才教學創新上，以創意思考方式進行角色形象聯想設計。過去以往視覺傳達設計課程在數媒系都是圖文設計皆多，此次導入「虛擬角色」進行視覺傳達設計相關系列的教學，研究以 STEAM 整合跨域教學，其中在 A（ART）的藝術人文美感的教學，加強學生們的設計與美感的訓練；因應著 AI 繪圖的興起，期望學生可以多學習獨立的觀察，不再倚賴生成式繪圖軟體，著重於學生個人創作力的培養，運用著圖像聯想教學（Graphic Association）來實施，來提升學生的探索與原創能力，並運用專題導向學習（Project-Based Learning, PBL），以小組方式，讓學生發想設計、問題解決、決策擬定或進行研究創作的活動，來改善同儕學習落差。研究預期結果有：(1) 探討 STEAM 於虛擬角色聯想體驗教學的接收度及看法；(2) 探討 STEAM 於虛擬角色聯想體驗教學的設計表現情形；(3) 探討 STEAM 於虛擬角色聯想體驗教學的討論與反思。以上綜合調查與結果，期望對於 STEAM 跨領域教學上，提供教學實務的經驗之參考。

關鍵字：虛擬角色、形象設計、圖像聯想、專題導向學習、STEAM

壹、前言

一、研究動機與背景

這些年以 STEAM-6E 模式進行 VTuber 實作教學研究，到 STEAM 教學提升跨領域體驗 VTuber 創作學習，就 VTuber 實作教學中發現有待研究的問題，諸如：虛擬角色的造型、彩妝、髮型及服裝整體設計（如圖 1），同學受限於數位平台現有人氣角色的影響，加上快速角色生成數位工具，而忽略原創的概念與創作的培養，很多創作的靈感都是來自於生活，需要跨領域學習來拓展視野，因此，課程延續 STEAM 教育理念，面向人工智慧（Artificial Intelligence, AI）時代，以 STEAM 新素養培養跨領域、動手做、生活應用、解決問題及五感學習，輔以跨域領體驗學習，讓「造型」與「視覺」來結合，不在是手上作業，而是多些跨領域學習，本次要邀請品牌形象設計、妝髮造型師及服裝設計師，來分享如何形塑造型設計，以實際操作體驗碰撞出更多靈感與想像，為本次延續性及深化的地方，前階段（第一周到第九周）為角色形象聯想設計發展，進行角色設計、LOGO 形象設計、角色情境圖等教學，就本文的研究進度僅就品牌形象設計進行探討。

圖 1 計劃案研究發想的背景　資料來源：本研究整理

本研究導入 STEAM 教育，在於培養問題解決的設計思考能力，STEAM 教育強調動手做（Hands-on）、問題解決（Problem-Solving）、專案取向的教學（Project-Based），藉此培養學生內在的綜合能力，如圖 2。就科技大學比較著重於實作技能的培養，但是缺乏深入思考的訓練，學生對於技巧的表現都是很有方法，但是對於原創故事的構想發掘是需要更多的培訓，也因此，以技巧策略的教學引導是很重要的。首先，要有些設計思考方法與問題解決導入課程中，教師運用設計思考引導學生，運用正面機制來解決問題，

並加入 108 課綱理念「自發、互動、共好」，當中的良好互動溝通、學習互助互相尊重；在課程中導入 6E 模式，重視學生學習的歷程，從參與、探索、解釋、工程、深化、評量（Engage, Explore, Explain, Engineer, Enrich, Evaluate），注重學生學習的過程，培養學生具有「深入探究的能力」，以及「批判思考能力」、「創意思考能力」和「問題解決能力」，來落實 STEAM 整合教學。

圖 2 研究發想的背景　資料來源：本研究整理

　　此次導入「虛擬角色」進行視覺傳達設計相關系列的教學，研究以 STEAM 整合跨域教學，其中在 A（ART）的藝術人文美感跨域教學上，加強學生們的設計思維（Design Thinking）、視覺化（Visuazlization）與美感素養（Aesthetic Literacy）；因應著 AI 繪圖的興起，期望學生可以多學習獨立的觀察，不再倚賴生成式繪圖軟體，著重於學生個人創作力的培養，運用著圖像聯想教學（Graphic Association）來實施，來提升學生的探索與原創能力，並運用專題導向學習（Project-Based Learning, PBL），以小組方式，讓學生發想設計、問題解決、決策擬定或進行研究創作的活動，來改善同儕學習落差。

　　本次研究的背景有別於傳統的角色造型設計，前階段結合品牌設計公司設計師進行教學，在課程單元中，會以職人專家的角度，來說明形塑角色形象設計的概念與技術，

讓學生藉由教學活動來學習。課程以「虛擬角色形象設計」為主題，進行角色構思、角色繪製與角色 LOGO 識別設計等學習，過程中讓參與學生、助教、教師與業師可互相學習成長，運用學習單、問卷表單、訪談單、教師省思紀錄、設計稿等工具進行資料蒐集。

二、研究目的

研究採用行動研究法（Action Research），透過教學省思札記、實作歷程-設計初稿單、學生訪談紀錄表單、STEAM 作品表現評量等進行資料蒐集，以此結果，來解決目前教學所面對的問題，提升學生實作技能與學習成效，研究目的為：

（1）探討 STE(A)M 於虛擬角色聯想體驗教學的課程內涵及教學策略；

（2）探討大學生於於虛擬角色聯想體驗教學的學習歷程及學習成效；

（3）檢視教學設計與學生學習的相關性，以及於過程中教學的討論與反思。

以上綜合調查與結果，期望對於跨領域教學上，提供教學實務的經驗之參考。

貳、文獻探討

一、A 在 STEAM 教育的意義

藝術均衡科技STEM教育的學習方式，提供學習者運用多元化的學習模式進行感知聯動（Reitenbach, 2015）。藝術不僅提供一個不同的管道來幫助人類了解複雜的社會，此外，藝術創作過程中特有的創造力、解決問題、靈活思維和勇於承擔挫折都是完善STEM教育的鑰匙。因此，美國維吉尼亞科技大學格雷特·亞克門（Georgette Yakman）教授，提出在STEM中加入Art，認為在跨S-T-E-M學科的教與學時，很難不包括藝術學科的影響（Yakman, 2010）。在STEAM的框架下，要從不同面向思索A的意義與價值才能做到真正的融合教育。根據對STEAM課程的觀察、實踐、文獻與討論，能把A以七個面向來思考（陳怡倩，2017），如圖3、表1所示。

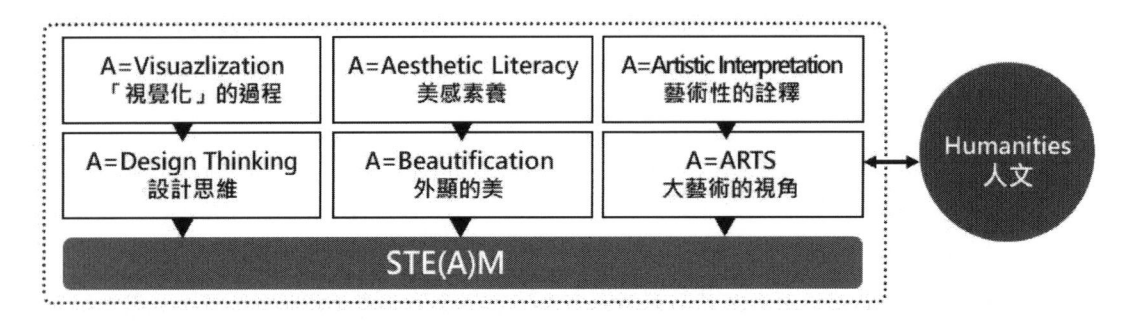

圖 3 STE(A)M 的意義與範圍
資料來源：引自陳怡倩（2017）。從 STEAM 的 A 來看美國 STEAM 教育。
香港美術教育期刊，1，4-9。

　　A=Design Thinking 設計思維，STEM 的解決問題以實用性為主，ARTS 的解決問題以創造力表達力為主。而將 STEM 與 ART 結合後，即在學習的過程中須結合「實用性」與「創造力」。運用「設計思維」（Design Thinking）來引導藝術課程，在教學中提供現實生活的案例，讓學生經由同理心、定義（問題）、構思、原型、測試的過程，進行設計創作（Bequette, J. W. & Bequette, M. B. 2012; Zande, 2016）。

表 1 TEAM 教育之 A 的面向與說明

項目	說明
A=Beautification 外顯的美	偏重視覺「化」，來傳達外顯的美，來傳達 STEM 為本質」的結果為本質」的結果 (Sousa & Pilecki, 2012)。在此，藝術作為外加而非融合於其他學科。
A=Design Thinking 設計思維	運用設計思維來引導藝術課程，讓學生經由同理心、定義（問題）、構思、原型、測試的過程，進行設計創作。
A=ARTS 大藝術的視角	應該是與「大藝術」，包括視覺、音樂、舞蹈、戲劇、媒體，種種與藝術相關學科。在大藝術的視野下，藝術與科技、技術之間的關係是多元多樣的。
A=Visuazlization 「視覺化」的過程	是透過視覺化的技能、轉換資料資訊的能力。如何在龐大的資訊中揀選、分析、察看、洞悉學科連結的知識，並運用創造力的發想，才能有效地溝通。
A=Aesthetic Literacy 美感素養	知道技術而缺乏溝通的技巧、開創科學的契機卻忽略市場的包裝、過度強調科技而少了人文，長期下來，缺少美感訓練的教育，會碰到持續力不足的問題。
A=Artistic Interpretation	藝術之所以與其他學科的不同，在於個人獨特的風格與藝術的表達。藝術的靈感啟迪之處，往往成為創意發想的支柱。在 STEAM

項目	說明
藝術性的詮釋	的學習，應保有學生創作自由度。
A=Humanities 人文	ARTS 內涵 Humanities 的本質的，將 ARTS 融合人文的元素，然而「人文學科」中的歷史、文學、哲學等學科，仍有各自不可取代的學科專業和獲取知識的特殊性。

資料來源：本研究整理

二、圖像聯想於教學實踐運用

Petre 與 Sharp（2006）曾於研究中檢視靈感來源，如照片、圖像、以前作品、藝術品、樣品、文物或自然界物體如何聚集，進而轉換成實際的設計，也就是轉換成可商品化的產品。結果發現，設計者從靈感來源得到的元素或創意，以不同的策略加到細部設計之中，其中設計的決定有以下三種，設計者以非特定順序很熟練地混用這些策略：（1）選擇：選出使用元素；（2）改編：詮釋所選元素；（3）轉換：以獨特組合來掌控所選及詮釋的元素。其中「聯想」係指將心目中理想的、有意義的概念（意象特徵）與內心的經驗、構想、記憶或感知相連結，並加以描述與呈現；「轉換」是指意象表徵轉換到具象的過程；「具體化」過程則是將轉換修正後篩選出的模型，進行最終模型製作，並對完成的模型加以檢討與修正。如表 2，以下為此三種方法之簡要說明，如圖 4、圖 5，以 VTuber 噶嗚·古拉、Rinotuna 藝術家作品案例，進行的圖形態聯想組合法的設計範例。

表 2 聯想分析方法

分析法	說明
形態分析法 morphological analysis	形態分析法乃以形態學為基礎，依據某些要素組合而產生創意的發想法。形態分析法係以待改進事物、產品或問題之要素作為分析重點，然後再依據該要素，逐一列出各個元素，重新排列組合產生新方案之方法（王其敏，1997）。
自由聯想法 free association techniques	自由聯想法乃教師提供一個主題或刺激物，使學生根據既有知識和過去經驗進行聯想，且可以多種方式自由反應，尋求並建立事物間全新而饒富意義的連結關係。如提供一幅沒有任何文字的幾何圖

分析法	說明
	像,讓學生自由想像;以圖像作為刺激,即為圖像聯想(Warren, 1971)。
強力組合法 forced relationships	強力組合最早由 Whiting 所提出,主要目的係協助發展從未有過的聯想,其基本方法為利用矩陣,將不同類型之事物、概念置入,經由交叉連結後,誘發出新的構想。

資料來源:本研究整理

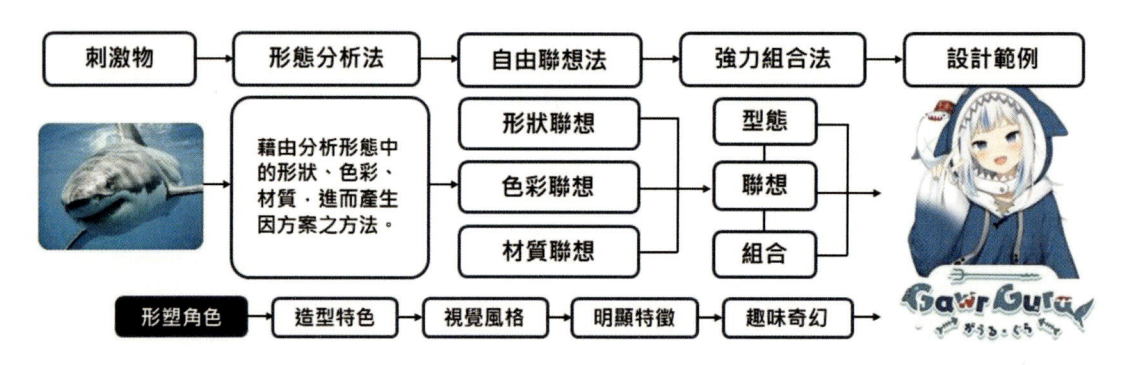

圖 4 圖形態聯想組合法—設計範例 VTuber 噶嗚·古拉　資料來源:本研究整理

圖 5　圖形態聯想組合法—Rinotuna 藝術家作品案例　資料來源:本研究整理

聯想教學研究案例,就教育教學方面,Whyte, A., & Ellis, N.(2003)於使用平面設計策略來改善教學中,提出同時使用圖片和文字的視覺草稿過程,可以像寫作過程一樣有效地促進和展示學生的學習。蔡珺卉(2018)聯想策略對國小五年級學童敘事詩寫作取材歷程之行動研究,提升國小五年級學童童詩的取材能力,有助於研究者省思並增進

專業知能。周鴻騰（2016）仿生案例教學對大學生自然觀察智能、類比聯想、仿生設計能力與情意態度之成效分析，課後主動鑽研專業知識、設計知識與增強後設認知，皆有助於仿生類比聯想與設計草圖構想等能力。羅芳玲（2021）圖形聯想教學活動對創造力影響之研究-以國小二年級學童為例。圖形聯想教學活動能提升國小學童創造力中獨創性的表現。

三、虛擬角色形象設計

虛擬角色當中的角色特徵與性格來說，角色（Character）不僅限於真人，廣泛存在於動漫畫、電玩遊戲、卡通、虛擬主播之中，或為品牌形象、企業代言的吉祥物，都能稱為虛擬角色。角色的造型、特徵、色彩、姿態和神情，都會影響到觀者對於動畫人物的印象與認同感，人物本身的性格塑造，與整體的視覺風格，也會受到人物設計的影響（楊東岳，2004）。由此來說，一個能夠被觀眾投射自我感情，並且加以認同的角色，才是角色設計成功的關鍵（黃于倩，2011），所以說成功的角色設計，不但是外表要可愛、幽默、極具個性風格，服裝配飾要表達出角色的氣質、職業和文化蘊底（張曉葉、郭洺、張搖、李峰，2017），角色相當於電影中的演員，一個虛擬演員的表現，需要由人們的想像注入生命和活力。

吉祥物一詞為「吉祥的象徵物」（教育部，1997），在視覺識別設計中定義為「被認為夠帶來好運之人、動物或植物、吉祥之物」（梁實秋，1983）。柯凱仁（1996），認為吉祥物是指以動物、人物、植物、自然物或人造物以擬人化的手法創造出具象化的造型，並作為企業品牌的最佳代言人。吉祥物在視覺規劃設定被定義為「企業造型」（Corporate Character），是為強化企業性格、產品特性所產生之角色，透過平易近人的親切感與可愛造型，使其成為視覺焦點，進而產生強烈的視覺印象、植入人心，塑造企業 或品牌識別的造型符號（林磐聳，1985）。角色代言人的並透過「意義轉移」（Meaning Transfer），讓消費者對代言人與品牌、產品進行聯想，使其有特定的意義或獨特性，塑造消費者對該品牌或產品的認知（Engle 等人，1995）。

張氏心理學辭典（1998）中，對意象（image）的解釋為：像、象、心像、形象等。簡麗如（2003）認為，意象屬於一種心理特徵，並涉及至認知心理學，也就是信息如何

儲存在記憶之中，而人在某種程度上，對於意象接存有主觀的體驗，並透過想像的過程，將事物呈現在腦中。在設計領域上較常使用的是「印象」、「形象」、「影像」（黃心湘，2004）。也就是說，可以將 image 視為一種傳遞的訊息。如圖 6、圖 7，當視覺產生時，便會開始傳遞感覺。影像的構成包括了符號、圖像、文字、色彩的元素，能夠傳達出某些意義（陳彥甄，2001）。根據 Downing（1992）對於意象的定義，其感官作用即意味日本地方行銷吉祥物所帶來的視覺刺激；而心理層面之感受則是受測者對於影像所產生的心理一是刺激後，給予一種認知特質的評價（如吉祥物的溫吞感、親切感等），又可稱為心靈的圖像。

2.噶嗚·古拉、兔田佩克拉、博衣小夜璃　　　　3. 璐咪娜、懶貓子、杏仁咪嚕

圖 6　虛擬角色與 LOGO 形象設計之表現　資料來源：本研究整理

1.噶嗚·古拉之角色元素　　　　　　　2.兔田佩克拉之角色元素

圖 7　虛擬角色元素與形象設計　資料來源：本研究整理

四、角色識別形象設計

就視覺傳達設計來說，近年來因應著元宇宙發展，有吉祥物、Q版角色、虛擬網紅 VTuber 到虛擬人，虛擬人是活在數位世界中人類物種的存在形式，英文就是virtual beings，涵蓋著虛擬員工、虛擬助理和虛擬教練等等，就以虛擬人形象設計來說，它代表企業體的形象，從視覺識別設計到品牌形象運用，企業識別系統（Corporate Identity System，簡稱CIS），是一種對企業整體形象的包裝，包含：理念識別（Mind Identity，簡稱MI）、行為識別（Behavior Identity，簡稱BI）以及視覺識別（Visual Identity，簡稱VI），藉由將企業的文化精神與經營理念標準化的整合後，透過具體視覺來代表公司，並透過形象識別與其他公司區分開來（Shee and Abratt，1989）。

視覺識別系統（Visual Identity System，簡稱 VIS）主要由基本要素、基本要素系統與延伸應用三大部分所構成（如表 1），其中，標誌為一種簡化的視覺象徵符號，可以用來傳遞想法提升識別，根據林磐聳（1988）指出標誌設計需要具有識別性、領導性、統一性、造型性、延展性、系統性與時代性，識別性（Identity）可以說是標誌最基本的功能，如表 3、圖 8、9，目前 VTuber 虛擬角色因多元化發展，為了統一其辨識度，角色形象到視覺識別設計需要透過造型鮮明與意義深切，才能從中脫穎而出使觀者印象深刻。

表3 視覺識別系統

基本要素	名稱、標誌、標準字、標準色、標語、象徵符號/圖案、輔助圖形等
規範系統	標誌規範、標準字規範、組合規範、指定打字字體、規範標準色與輔助色、規範不適用範例等
應用要素	事務用品、包裝用品、贈送物品、服裝服飾、廣告形象、指示標牌等

資料來源：本研究整理

圖 8 VTuber ALICE 視覺識別設計元素　資料來源：本研究整理

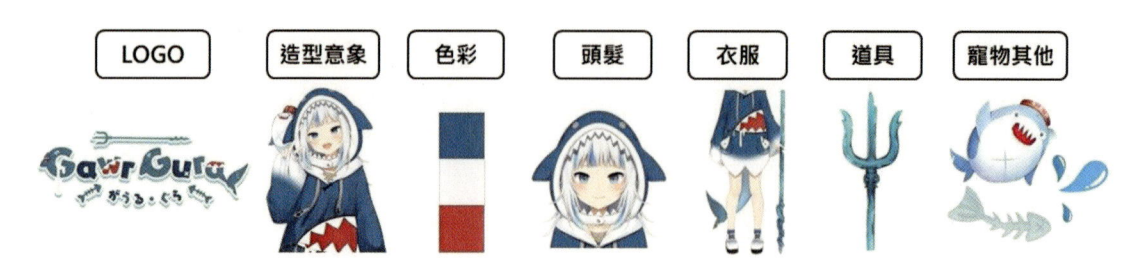

圖 9 VTuber 噶嗚·古拉之視覺識別設計元素　資料來源：本研究整理

參、教學設計與研究方法

一、教學設計

（一）教學設計與規劃

就「視覺傳達設計」課程是本校日間部四年制數位媒體設計系二年級專業選修（附錄 1~2，課程應修學分、課程地圖），本課程以數媒系學生為主，需要基礎專業設計能力，包含：角色設計、美工繪圖軟體、色彩計畫等，本課程為二學分三小時，修課人數 35 人。「視覺傳達設計」教學目標以培養學生對於視覺傳達設計的專業技能，本次導入跨領域學習，擴增學習體驗與視野，並應用於往後就業領域中，成為虛實整合多媒體創意人才。

圖 10 虛擬角色形象設計－教學活動的程序　資料來源：本研究整理

如圖 10 所示，本課程教學採取實務與理論教學併進的專題實作教學導向來規畫，初期分從視覺設計來進行「虛擬角色形象設計」，並應用於視覺識別系統設計，透過本課程安排的設計實務專題作業，能使學生能充分運用於本課程中所習得之視覺傳達設計及實務操作經驗，加強學生對於往後實務工作上的概念，以達到本課程學習的最大效益。教學方法運用著專題導向學習法 PBL(Project-Based Learning)、講述教學法、實作示範教學等複合式教學，課程會進行課程解說、操作教學、業師協同教學、職場講座、實作練習、小組討論、報告發表及作品展演。

（二）課程進度與教學空間

如表 4 所示，此單元以期中之前階段進行，課程共有二個單元，分別為：單元 1 虛擬角色人設繪製、單元 2 虛擬角色視覺形象設計。課程全程採用實體教學，皆於學校專業電腦教室進行，數媒系志平樓 102 電腦教室，皆有安裝 Adobe 專業繪圖軟體、相關 VTuber 軟體，共有 55 台，期中預計有報告與展演活動，展演皆於校內展演空間進行，志平樓 1 樓空間約 20 坪，可放置 8 個展版及小舞台。

表 4 STEAM 跨領域於「虛擬角色形象設計」課程教學進度

週	日期	課程單元	STEAM 跨領域導入說明
01	09/12	課程與教學介紹、視覺傳達設計	**階段一虛擬角色視覺設計**
02	09/19	虛擬角色 IP 探討與構思	(第 1~3 週)單元 1 先備知識與技術學習
03	09/26	虛擬角色 IP 表現與設計	(第 4~7 週)單元 2 虛擬角色(IP、LOGO 形象設計)
04	10/03	虛擬角色聯想設計-職人篇設計	(科學)科學探索觀察
05	10/10	國慶日放假	(技術)物理表現姿勢圖
06	10/17	虛擬角色形象設計-LOGO 識別	(工程)科技繪製人物
07	10/24	虛擬角色整合設計-形象識別設計	(藝術)造型美感設計
08	10/31	虛擬角色職人篇整體形象設計提案 (角色三視圖、情境圖、形象識別設計)	(數學)數據測量比例等 **研究測量：** 1.實作歷程-角色設計 2.訪談單、問卷單
09	11/07	**期中作品報告與演展**	3.教師教學省思札記

資料來源：本研究整理

（三）學生成績考核與學習成效評量工具

本研究 STEAM 跨領域課程設計，分為兩階段期中與期末，每一單元約 3~4 周 9~12 節，STEAM 的運用是在課程內涵進行跨域的設計，期望學生多重視科學、技術、工程、藝術和數學之間的運用，課程單元主題貼近學生生活的真實問題來設計，針對「認知」、「情意」、「技能」進行教學，其成績考核及學習成效評量工具如下。

1.實作歷程-初稿設計單：為了瞭解學生是否清楚教師傳達的知識內容，請學生根據所學習的技術、繪製作業進行設計說明、設計心得之撰寫，其中的心得是「認知」、「情意」評量的一部分。2.網路討論及評量：教師將針對學生在教學平台提出意見，進行量化及質化的評估，做為「認知」、「情意」評量的一部分。3.作業設計：學生必須在每單元前完成作品繪製(三視圖、情境圖)、視覺識別系統設計、海報設計及商品宣傳設計等，請校內外專家學者給予評分，為「認知」、「技能」的評量。4.上課參與態度及出席狀況：評量學生在上課表現的學習態度，上課發表、報告狀況、及出席率，做為「情意」評量的一部分；最後填寫學習動機問卷、訪談表單，包含：課堂學習面向、教學內容、教材滿意度、課程心得與認知影響面。

二、研究設計與執行規劃

（一）研究架構

如圖 11，本研究計畫以 STEAM 結合跨領域提升「虛擬角色形象設計」，課程過程安排跨領域專家進行設計相關教學，其特色在於讓學生跨域學習擴充視野，由於都是數位實作適合於教學現場研究觀察，因此，採用行動研究法（Action Research），此方法強調現場實務工作者在實際情境中，根據遭遇的困境進行研究，以改善教育實務工作，解決實務上發生的問題，並提出解決方案，由於STEAM適合以質性研究的方式來進行，以透過觀察、訪談與攝影進行課程資料蒐集，研究中以質性研究為主、量性調查為輔，透過教學省思札記、實作歷程-設計初稿單、學生訪談紀錄表單、STEAM 作品表現評量等進行資料蒐集，進一步探討學生的實作能力與學習成效。

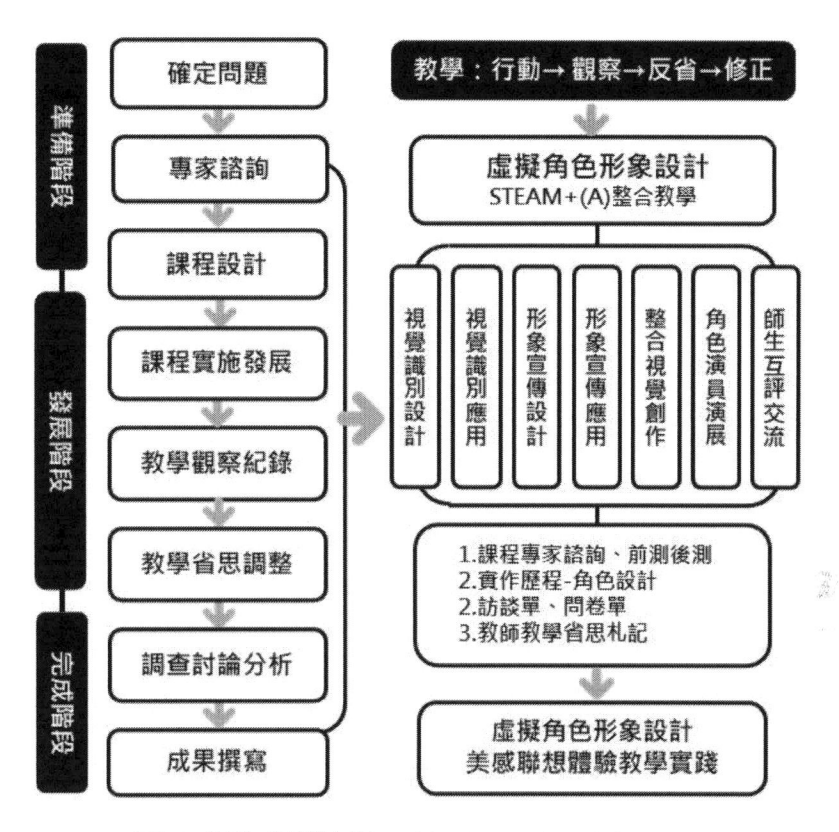

圖11 研究步驟流程　資料來源：本研究整理

（二）研究對象與場域

該課程為數媒系專業選修課程，此次修課學生共有 32 位，男女比例為 59.38%與 40.63 %，如表 5 所示。實施教學研究前，研究對象已於一年級「角色設計」課程，學習過角色繪製的基礎能力，並具備素描、色彩計畫、電腦繪圖及基礎 2D 動畫等技術。場域於志平樓 102 電腦教室，皆有安裝 Adobe 專業繪圖軟體、相關 VTuber 軟體，共有 55 台，所有問卷、訪談、實作皆在此教室完成。

表 5 受測者基本資料

項目		樣本數	百分比（%）
性別	男	19	59.38%
	女	13	40.63%

資料來源：本研究整理

(三) 研究方法與工具

本研究之質性資料蒐集，主要將以教學省思札記、實作歷程-設計初稿單與訪談分析三種方式進行資料整理與歸納分析，並在實施 STEAM 教育課程後，對學生創作的設計作品進行「STE(A)M 作品表現評量」，以達到研究目的。STEAM 作品表現評量表之內容效度，採用專家審查的方式建立專家效度，透過大學專家教師共 2 名，分別針對量表中的各個向度與量測目標提供建議。本研究所使用之 STEAM 作品表現評分表，修改自陳韋岐（2016）的「STEAM 作品表現評量表」做為學生成品評分標準。

肆、研究結果與討論

一、學生於聯想體驗的學習情形

就課程的學習狀況與觀察，由於研究者於此班一年級曾經教過角色設計的課程，教師本身也是班級導師，在學生學習的經驗有時會受到過去教學習慣所影響，就科技大學著重於技術的養成，加上數媒系多重領域的學習，舉凡視覺傳達設計、手繪 2D/3D 動畫、視訊製作、互動設計到 VTuber 多媒體設計等，都是學生專業選修，然而，在視覺設計的專業學習需要多加強，這些學生比較擅長運用電繪板進行電腦繪圖，他們的手稿草圖相對的非常豐富，基於此，開始的教學方式，從計畫導入、角色 IP、形象設計等教學，學生剛開始雖然對於理論些微認識、不太感興趣，然而就草圖聯想的繪製呈現多種的可能。

如圖 12~14 所示，授課教師透過與學生溝通，運用教材進行圖文解說，簡單明瞭、步驟清楚、整體美感等，加上教室也重新布置，增添許多虛擬角色生作品海報，讓教室上課中程注入一股活躍的氣氛，教學起來較不枯燥，凸顯創作課程的氛圍，讓學生可融入情境並且專注於課堂中。在課程中運用創造思考策略，加入了設計加入創意教學技法概念板（Concept Board）和心智圖法（Mind-Mapping）的概念，由於設計過程會經歷不同的發展階段，概念板可以提供初步的構想、圖像、材質與色彩等，並且能推展整體的創意過程，運用著放射性思考法（Radiant Thinking），由外擴散出相關聯的內容結構，並且將所有的資訊整理在一張圖面上，請同學蒐集資料，進行角色與元素的聯想。

圖12 學生草圖練習　　資料來源：本研究整理

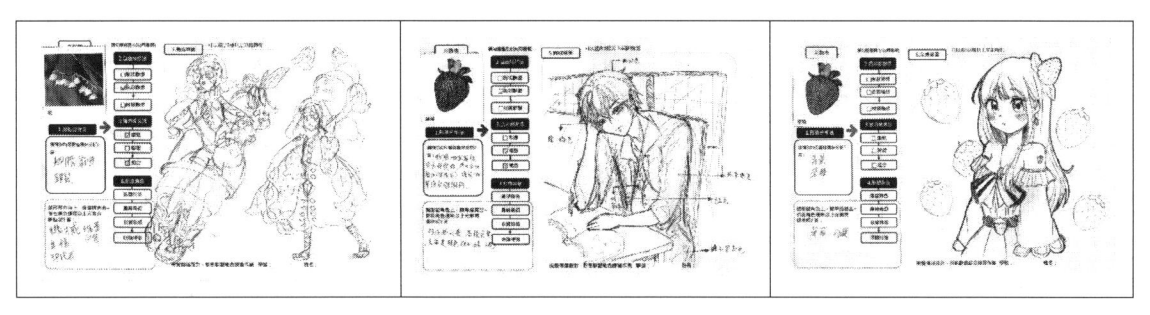

圖13 學生聯想提案版練習　資料來源：本研究整理

圖14 學生上課電腦繪圖實作情形　資料來源：本研究整理

二、學生們的課程滿意度調查與訪談

（一）學生對聯想學習的態度

　　由表 6 的結果顯示，大部分學生對於此單元「圖像聯想」進行角色形象設計，有七成以上的學生都有正向態度反應。題項3「學生覺得運用圖像聯想構思時，是可以增加對角色形象設計的表現內容」（84%），題項 2「學生們認為圖像聯想的方式，是有幫助我創

作作品（80%），題項 5「學生認為運用圖像聯想設計角色形象時，使我對創作更有信心」（77%），題項 1「學生們認為圖像聯想設計思考進行設計是很好操作」（72%），題項 4「學生們認為運用圖像聯想來調整角色形象設計是容易的」（69%）。整體而言，數媒系的學生就對「圖像聯想」進行角色形象設計上，有 76% 的正面態度，就以題項 3 最高（84%），題項 4 最低（69%），基本上，學生普遍認為是很好操作、是有幫助創作作品、是可以增加表現內容、對創作是更有信心。

表 6 學生對角色聯想形象設計的學習態度

題項	非常同意	同意	普通	不同意	非常不同意
1.我認為「圖像聯想」設計思考進行設計是很好操作	17%	55%	26%	2%	0%
2.我認為「圖像聯想」的方式，是有幫助我創作作品	21%	59%	20%	0%	0%
3.運用「圖像聯想」構思時，是可以增加對角色形象設計的表現內容	27%	57%	16%	0%	0%
4.我認為運用「圖像聯想」來調整角色形象設計是容易的	10%	59%	21%	10%	0%
5.運用「圖像聯想」設計角色形象時，使我對創作更有信心	26%	51%	15%	8%	0%
平均	20%	56%	20%	4%	0%

資料來源：本研究整理

於開放性訪談問卷的資料來分析，在課堂中運用圖像聯想會運到哪些的上面(服裝、頭髮、飾品、寵物、鞋子等)，學生回答：「我個人會運用在飾品、手持物，好比說初因未來，我對於她的印象，最深的不是服裝，而是她手持的那根蔥(No.15)。」另外也有學生表示：「在角色的聯想方面，跟樹狀圖很像來運用，可以幫助思考運用在角色的神情、肢體、動作各方面(No.31)。」同學們表示：透過這次單元，可以幫助我們的學習，有助於未來的創作，以及運用在專題製作上(No.14)、(No.18)。」

（二）學生對STEAM 課程的學習態度

在這次的課程，由角色IP設計、聯想設計到形象設計等單元進行實作練習，由表7的

結果顯示，此次班及對課程的滿意度有達七成以上，顯示題項2「我覺得課程內容可以引導我在虛擬角色形象設計的構想」（84%），題項4「透過本次課程，讓我對於角色形象實作課程更有興趣」（79%），題項1「我喜歡本次的課程內容（76%），題項3「透過本次課程，我覺得可以有效學習不同領域(科目)的知識」（55%）。整體而言，學生就STEAM課程的教學有73%的正面反應態度，就以題項2最高（84%），題項3最低（55%）。

表7 學生對STEAM課程的看法

題項	非常同意	同意	普通	不同意	非常不同意
1.我喜歡本次的課程內容	20%	56%	19%	5%	0%
2.我覺得課程內容可以引導我在虛擬角色形象設計的構想	28%	56%	16%	0%	0%
3.透過本次課程，我覺得可以有效學習不同領域(科目)的知識	10%	45%	30%	15%	0%
4.透過本次課程，讓我對於角色形象實作課程更有興趣	23%	56%	15%	6%	0%
平均	20%	53%	20%	7%	0%

在此系列單元中，就收穫而言，的學生表示有：「在虛擬角色設計真的需要下一番功夫，除了造形設計、人設等等，都需參考許多的資料，有一種在創造自己孩子的感覺。(No.31)」，也有同學表示：「很享受虛擬角色設計的過程，想到它未來可能動起來就很興奮有刺激。(No.20)」，同學認為著：「設計角色要有明確的特徵。(No.24)」其他同學表達出：「我認為設計一個完整的人物，是不簡單的，而最重要的是，給人的印象—代表物品。(No.2)」。

（三）學生對STEAM課程的實施情形

由圖 15，顯示出學生對此單元學習歷程的發展，在準備階段中探索構思角色造型的上面，透過學習單與訪談，首先於準備階段：(科學→參與、探索)企劃構思與蒐集，學生表示：「以阿里山龍膽花朵的特徵為配色，以紫色到藍色調頭飾和腿飾，及褲子紋路、

尾部延伸的裝飾。角色手上常拿著筆記本和筆，為現場的植物有做紀錄。角色的背景也以大花朵進行整體圖像的呈現。」

就環境資料元素蒐集與觀察：(科學→探索、解釋) 學生：「從圖像中來發展角色的造型概念。畫面中有植物導覽員、阿里山龍膽花朵、中性時裝及虛擬角色來進行整體概念發想。」實施階段製作過程：(科技與工程→建造) 學生敘述著：「運用外觀與花朵的繪圖部分，有比較花費時間。」在改進階段：(技術→深化、豐富) 有困難如何解決，學生表示「就是多多找資料。」反思階段的部分，學生認為在繪畫的速度和植物的描繪技法都有進步，建議可以先畫三視圖，在接續畫情境圖，比較容易掌控時間。

圖 15 STEAM 課程於虛擬角色形象設計學習歷程發展　資料來源：本研究整理

三、角色作品的表現分析

（一）角色形象設計作品分類

本文主要目的課程教學應用圖形聯想組合的方法，協助學生將平面與元素進行聯想實作。研究對象為數媒系二年級32位學生，男生19位，女生14位，學生完成角色作品如

圖16所示，虛擬角色設計項目包含：角色立繪、三視圖、情境圖、LOGO形象設計等圖，所有作品進行回收後，第一階段針對作品進行檢視，主題是職業角色設計，由於作品職業多種，就職業聯想的主題，進行工作人員、虛擬奇幻、設計師、護士等主題來分析。第二階進行角色形象與字體的聯想設計，本研究除筆者之外，另外兩位設計公司創意總監進行資料討論，第三階段，將作品進行個別訪談，學生必須說明聯想的形式要素為何與其構想，然後再以回溯法（retrospective method）訪談得知圖形聯想及設計脈絡。

1.攝影師	2.保育動物	3.服裝設計師	4.骨董店老闆	5.網路歌手	6.大學生	7.植物導覽員	8.廚師
9.警察	10.巫師	11.忍者	12.棒球員	13.動物工作者	14.專櫃小姐	15.學生	16.月神
17.吸血鬼	18.護士	19.調酒師	20.地獄使者	21.消防員	22.護士	23.護士	24.幽靈服務員

案虛擬主播 VTuber 實作的創新教學實踐

25.旅行商人	26.服裝師	27.音樂製作人	28.直播主	29.廚師	30.護士	31.小嬰兒	32.直播主

圖16 虛擬角色之職業聯想　資料來源：本研究整理

（二）角色形象作品的聯想

角色形象作品的聯想如圖17、18，圖17-1所示，學生蒐集植物導覽員職業參考圖、時尚短褲妝、阿里山花卉及VTuber造型，以阿里山龍膽花朵的特徵進行配色，角色意象以紫色到藍色色調頭飾和腿飾，及褲子紋路、尾部延伸的裝飾。手上常拿著筆記本和筆，為現場的植物有做紀錄，植物導覽員就傳統印象會像登山者，學生這次以花朵為主要強烈的意象，形塑時尚文青風格植物導覽員，搭配暗示職業物件有：頭飾花環、登山靴子與花飾造型、筆記本等。圖17-2，學生蒐集幽靈、玩偶、聖誕節、手套、時尚服裝與虛擬角色等元素為主軸發想，思考創作出不一樣的職業類別，並搭配整體的故事核心，迎接即將贏來的萬聖節，搭配暗示職業物件有：玩偶造型、星空圖案紋路、橘色頭髮與脖圍，加上網襪與紅靴來加強時尚帥氣風格，從五官與空洞眼神讓人聯想幽靈角色。

1.植物導覽員	2.幽靈服務員

貳、主題內容與方法技巧案例分享

3.巫師	4.消防員

圖17 虛擬角色之職業聯想元素　資料來源：本研究整理

1.植物導覽員	2.幽靈服務員
3.巫師	4.消防員

圖18 虛擬角色與LOGO聯想　資料來源：本研究整理

　　圖17-3所示，學生蒐集有穿越時空的巫師職業元素，以自己初稿繪型的模樣做為參考作為設計，學生描述著龍人對於變身魔法是不上手，所以大部分的角色特徵都還在，頭上的角擁有一半的魔力，以商人為職業，通常會把藥水綁在身上防身，法杖是去貓獸那裏通過試煉得到的，這個巫師本身非常善於冰魔法，搭配暗示職業物件有：擬人化貓

113

獸、貓角、法杖、藥水等。圖17-4所示，消防員莉塔有著紫色眼睛與短髮造型，整體以紫色配螢光橘色配色，營造出外太空超級任務的制服裝扮，有造型小外套寬厚將瘦小的身形展現個性出來，整體造型使用非傳統消防員的對比配色制服，橘色象徵火焰、紫色象徵神聖、尊貴、慈愛等意象，期望將此角色消防員熱火獻身的女英雄形象塑造出來，搭配暗示職業物件有：服裝與色彩來展現。

（三）學生學習回饋

1.收穫部分

整體教學情景如圖19，學生認為以角色來聯想進行發展視覺相關的設計，可以讓實作也變得相對有趣起來，除了可以看到同學的進步之外，也可以運用到將來的專題製作，就訪談問卷可以得知：

「我覺得學到對整體設計版面的提升，和視覺傳達設計上的技巧(No.25)」、「LOGO想像力可以更進化、進步(No.19)」、「繪圖和角色的設定技術，還有對角色IP、VTuber產業的認識了解(No.16)」、「學習對角色的差異比較與特質的分析(No.25)」、「比較能有較快的想法(No.14)」、「對一個角色的細部思考有更佳明確的展現(No.22)」、「設計一個角色要有明確的特徵(No.13)」、「又學到以前沒有學過的事物(No.12)」。

2.建議部分

學生於問卷上在實作課程的建議，期望在角色情境圖上給予更多的時間，創作出更好的作品，訪談問卷資料如下：

「加入職場相關實務教學，可以運用以後接案或職場上(No.16)」、「建議在連寫開始可以先畫角色立繪，再繼續畫情境圖(No.7)」、「看到別人的上色方式覺得自己需要改善(No.4)」、「可以加強角色與視覺相關設計聯想的訓練(No.3)」、「希望可以多多接觸其他設計領域的教學，擴充個人學習知識

(No.22)」,「建議可以多些創意思考草圖的訓練,讓自己學習更多腦力激盪發想(No.30)」、「加強自己口頭報告,上台還是很害羞(No.11)」。

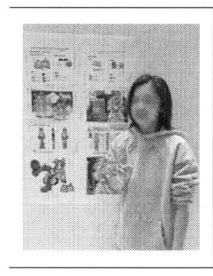

圖 19 協同教學與作業展覽情形　資料來源:本研究整理

三、教學反思

　　就 STEAM 課程面向而言,STEAM 著重於與學習者的生活息息相關,由於這是數媒系專業必修課程,課程面來說,就本科學生學習的動機,首先要明確說明這堂課學習的好處,還有跟學生未來學習發展相關,課程群組要設立、座位表填寫與學生姓名都要熟

悉；就學習上，學生對於虛擬角色形象設計的學習動機，由於各老師教學不同，實作課程導入創意設計思考方法，鼓勵學生來創作、結合使用數位工具，加入各領域業師來活絡教學情境；課程有品牌視覺形象設計、角色造形繪圖設計到劇場角色形塑設計等，結合結合跨領域不同學科教師來教學，教師是知識的窗口，讓課程豐富且多元，學生也覺得收穫良多。

就教學面而言，每個孩子都具有豐富的創造潛力，有些設計師都是非本科出生，面對這些雖是本科學生，但某部分需要多加強的學生，需要有耐心、循序漸進的仔細、反覆且清楚講解，課程進行中提供簡單圖文案例，創作需要有些參考物來引導刺激，形成某種鷹架的輔助教學，所以多讓學生思考演練，可以利用相互觀摩與分享之活動，這些課程氛圍都會影響學生學習成效，經由以上教學，來提升學生對角色造型創意與實作的學習。

伍、結論與建議

由於本文要討論的項目很多，僅能就教學初步的成果來呈現，本文以創意思考融入STEAM 的教學，希望課程當中以創意有趣的方式來進行，多了些指令、多了些設計思考的心智圖法與提案版，這樣的虛擬角色造型會不會不一樣的呈現，由於 AI 繪圖的潮流來臨，要常常倚靠著構想與手繪很不容易，相對的面對 AI 繪圖，基礎的繪圖教學來的更為重要，因此在角色與 LOGO 草圖繪圖建議可以多些時間來完成，再進行電腦繪圖的階段。

就本科學生的教學建議上，在使用的電腦操作，要破除學習的心理障礙，應具備豐富案例、圖文重點說明，改善學習較弱的學生，在學習上的局限的思考與操作方式，教材操作有圖文重點操作步驟，讓學生熟悉繪圖軟體與製作方式。授課時應進行前次授課題要複習，以幫助學生銜接不同單元的內容；此外，建議草圖構想時數可以增加，多些角色圖案設計的練習，本課程可以跨域老師協同教學，補充與數媒系教學實務教學，而透過教學現場的實際教學過程，來修正授課教師的教學方式。最後，本課程針對實作課程的教學體驗，建議有巧思經營與設計，讓學生有感受實務結合教學的特別與啟發。

誌謝

本研究承蒙教育部教學實踐研究計畫經費補助，特此致謝；感謝評審、業師和同學們熱心參與，尤其感謝論文匿名審查者用心指點及教育部舉辦工作坊凝聚社群力量，在此一併感謝。

參考文獻

Barry, N. B. (2014). The ITEEA 6E Learning by DeSIGNTM Model. *Technology and Engineering Teacher*, March, 14-19.

Beghetto, R. A. (2016). Creative learning: A fresh look. *Journal of Cognitive Education and Psychology*, *15*(1), 6-23.

Beghetto, R. A. (2017). Creativity in teaching.

Burke, B. N. (2014). The ITEEA 6E Learning ByDesign™ Model: Maximizing Informed Design and Inquiry in the Integrative STEM Classroom. Technology and Engineering Teacher, 73(6), 14-19.Retrieved from

Bybee, R. W., Taylor, J. A., Gardner, A., Scotter, P. V., Powell, J. C., Westbrook, A., & Landers, N. (2006). The BSCS 5E instructional model: Origins, effectiveness, and applications. Retrieved on August 15, 2014 from http://bscs.org/sites/default/ files/_legacy/BSCS_5E_ Instructional _Model-Executive_Summary_0.pdf

Chung, C. C., Lin, C. L., & Lou, S. J. (2018). Analysis of the learning effectiveness of the STEAM-6E special course—A case study about the creative design of IoT assistant devices for the elderly. *Sustainability*, *10*(9), 3040.

Guilford, J. P. (1950). Fundamental statistics in psychology and education.

Lantz, H. B. (2009). *Science, technology, engineering, and mathematics (STEM) education: What form? What function*. Last modified.

Lin, Y. H., Lin, H. C. K., & Liu, H. L. (2021, November). Using STEAM-6E model in AR/VR maker education teaching activities to improve high school students' learning motivation and learning activity satisfaction. In *International Conference on Innovative Technologies and Learning* (pp. 111-118). Cham: Springer International Publishing.

Luria, S. R., Sriraman, B., & Kaufman, J. C. (2017). Enhancing equity in the classroom by teaching for mathematical creativity. *ZDM*, *49*(7), 1033-1039.

Pollard, V., Hains-Wesson, R., & Young, K. (2018). Creative teaching in STEM. Teaching in Higher Education, 23(2), 178-193.

Rogers, C. (2017).Teaching and Learning-Teaching and Learning Strategies. Retrieved from http://vikaspedia.in/education/teachers-corner/teaching-and-learning

Shanshan Guo, Xitong Guo, Doug Vogel & Yulin Fang. (2017). How Doctors Gain Social and

Economic Returns in Online Health-Care Communities: A Professional Capital Perspective. Retrieved from https://weiwenku.net/d/103177259#new

Whyte, A., & Ellis, N. (2003). Graphic representation as a bridge to understanding conceptual teaching. *Arts and Learning Research Journal, 19*(1), 167-194.

Wu, C. H. (2019). The Design of 6E Model for STEAM Game Development. *International Journal of e-Education, e-Business, e-Management and e-Learning, 9*(3), 212-219.

王詩惠, 胡雅淳, 游孟謗, & 張雨霖. (2021). 多元感官探索聯想鬆散素材教學活動對幼兒創造力提升之效果. *創造學刊, 11*(2), 1-33.

何偉嘉（2021）專利發想創造思考教學對學生創意自我效能影響之研究 國立彰化師範大學工業教育與技術學研究所碩士論文.

吳彥勳, & 王則眾. (2017). 應用比喻法於自然意象轉化. *實踐設計學報*, (11), 174-190.

李心主.（2019）. 創造思考教學法與學習成效相關性之探討-以多媒材創作課程為例, 國立屏東科技大學時尚設計與管理研究所碩士論文.

林坤誼（2014）。STEM 科際整合教育培養整合理論與實務的科技人才。科技與人力教育季刊，1（1），2-17。

林恩妤（2022）改良式心智圖對大學生創造力人格特質與問題解決態度之影響 臺北市立大學教育研究所碩士論文.

張文德, 陳翌雋, & 吳中硯（2021）水墨插畫創作研究-以少女與怪獸聯想為例. *華梵藝術與設計學報*, (14), 53-70.。

張春興, & 林清山. (1973). 教育心理學. 育廳.

張春興. (2011). 現代心理學-重修版. 臺北市: 東華書局.

畢瑛潔, 白赫, 段瑞夢, & 許靜. (2018). STEM 教育在 CUPT 中的體現及創新能力培養模式初探. *物理實驗, 5*.

陳龍安. (2006). 創造思考教學的理論與實際 (六版). 台北: 心理.

黃詩珮. (2020). 商品與動物廣告圖像之聯想調查. *設計學研究, 23*(2), 57-82.

蔡珺卉（2018）聯想策略對國小五年級學童敘事詩寫作取材歷程之行動研究，提升國小五年級學童童詩的取材能力。

謝玫晃 & 管倖生（2011） 形態聯想組合法應用於藝術商品設計. 設計學報 (Journal of Design), 16(4).

顏惠芸. (2017). 文化元素轉換時尚設計因素探討-以紐約大都會博物館 [中國: 鏡花水月] 時裝展為例. *設計學報 (Journal of Design), 22*(2).

Wonderful Ideas - Exploring the Associative Learning Experience of STEAM and Virtual Characters

Abstract

This study conducts technical talent training and research on "virtual human image design", especially in the teaching innovation of digital content talents, using creative thinking to design character image associations. In the past, visual communication design courses in the Department of Digital Media were mostly graphic design. This time, we introduced "virtual characters" to teach visual communication design related series, and studied the integration of cross-domain teaching with STEAM. Among them, in the art of A (ART), The teaching of humanistic aesthetics strengthens students' design and aesthetic training; in response to the rise of AI drawing, it is hoped that students can learn more about independent observation and no longer rely on generative drawing software. The focus is on cultivating students' personal creativity and using Graphic Association is used to improve students' exploration and originality, and Project-Based Learning (PBL) is used to allow students to think about design, problem solve, make decisions or conduct Research and create activities to improve peer learning gaps. The expected results of the study are: (1) to explore the acceptance and perception of STEAM in virtual role-playing teaching; (2) to explore the design and performance of STEAM in virtual role-playing teaching; (3) to explore the application of STEAM in virtual role-playing teaching. Discussion and reflection. The above comprehensive survey and results are expected to provide a reference for teaching practice experience in STEAM cross-disciplinary teaching.

Keywords: virtual characters, image design, image association, topic-oriented learning, STEAM

Case 4-案例四

海洋生物變身大師：VTuber聯想與實作

Marine Life Transformation Master: Association and Implementation of VTuber

本篇發表於 2024 海洋廢棄國際研討會
(海洋委員會海洋保育署、中原大學)

獲「113 年度大專校院教學實踐研究計畫-STEAM-6E 融入海洋生物以提升虛擬角色實作課程之學習成效」補助

經匿名審查通過

海洋生物變身大師：VTuber聯想與實作

摘要

　　本研究旨在將「海洋生物」作為角色融入海洋素養教學，並結合「VTuber形象設計」進行聯想實作教學。研究的背景基於目前VTuber虛擬主播多以擬人混種造型為主，然而海洋生物擁有獨特的外觀特徵，極具創意潛力，適合作為造型設計教學的素材。本研究將以「潮境海灣」的海洋生物為主要研究素材，結合當代藝術與VTuber虛擬主播的案例，從設計思考的視角出發，運用圖像聯想教學法（Graphic Association），引導學生進行創意設計與實作。本研究採用設計思考練習、問卷調查、學習單、訪談、實作評量以及作業展演等多種方法，旨在提升學生的創造力、構思能力以及實作能力。研究的預期結果包括：(1) 探討學生對海洋生物融入VTuber設計教學的接收度與看法；(2) 分析學生在此教學活動中的設計表現；(3) 促進學生對此教學活動的討論與反思。透過這些綜合調查與結果，本研究期望能為海洋教育實作教學提供有價值的實務經驗參考。

關鍵字：海洋生物；VTuber；圖像聯想；角色設計

壹、前言

隨著全球對多元化、同理心及永續發展的重視，環境與海洋教育已被列為施政的四大重要議題之一，並制定相關法規(張芬芬、張嘉育，2015)。在108課綱自然科學領域中，學生需具備好奇心、想像力及永續觀點，並掌握科學知識與實作能力，應用於日常議題決策(教育部，2018)。然而，國中小階段的環境教育仍不足，本研究因此導入海洋教育議題，以提升學生創造力並激發學習興趣。

當前教育的核心在涵養公民素養，海洋環境教育旨在提升國民的海洋素養。美國教育架構中的「海洋素養」定義為「理解海洋對你的影響及你對海洋的影響」(National Oceanic and Atmospheric Administration, 2020)，即個人需對海洋功能有基本認知，並能做出負責任的決策(Cava et al., 2005)。臺灣教學則強調認知、情意與技能的整合，致力於形塑學生「知海、愛海、親海」的體驗，引導其逐步實踐與省思(教育部，2014)。

台灣的環境議題備受重視，尤其在適合多樣性生物生長的氣候條件下，潮間帶成為人類親近海洋的主要接觸點。例如：基隆市潮境公園的潮間帶就有超過700種生物，包括藻類、軟體動物、棘皮動物等(陳麗淑，2005)。本研究以這些海洋生物為素材，讓學生透過「做中學」的方式進行造型表現的分析，幫助他們更深入了解海洋生物的多樣性與特徵。研究顯示，海洋教育議題可以豐富視覺藝術課程的內涵(李坦營，2018)，並且能激發學生的學習潛力，更進一步促進他們對海洋的了解與愛護(林月蕊，2019)。

Petre 與 Sharp（2006）曾於研究中檢視靈感來源，如照片、圖像、以前作品、藝術品、樣品、文物 或自然界物體如何聚集，進而轉換成實際的設計，也就是轉換成可商品化的產品。結果發現，設計者從靈感來源得到的元素或創意，以不同的策略加到細部設計之中，其中設計的決定有以下三種，設計者以非特定順序很熟練地混用這些策略：（1）選擇：選出使用元素；（2）改編：詮釋所選元素；（3）轉換：以獨特組合來掌控所選及詮釋的元素。其中「聯想」係指將心目中理想的、有意義的概念（意象特徵）與內心的經驗、構想、記憶或感知相連結，並加以描述與呈現；「轉換」是指意象表徵轉換到具象的過程；「具體化」過程則是將轉換修正後篩選出的模型，進行最終模型製作，並對完成的模型加以檢討與修正。

貳、主題內容與方法技巧案例分享

基於此，本研究將「海洋生物」元素融入海洋素養教學，並結合「VTuber角色設計」進行創意實作，讓學生不僅加深對海洋生物的認識，還能通過虛擬角色的設計探討人為因素對環境的影響。透過這樣的教學實作，期望有效傳達環境保護的重要性，喚起學生對環境改善的關注，並促使他們改變破壞環境的行為，進而提升整體環保意識。

貳、研究方法

本研究以新北市某科技大學日間部數媒系學生為主，於「角色設計」(專業必修)、「經典設計專案研究」(專業選修)，分別導入「海洋生物」創意聯想學習。教學目標以培養學生對於 VTuber 虛擬角色設計的專業技能，本次導入「海洋生物」創意聯想學習，培養海洋環境素養之外，並應用於往後就業領域中，成為虛實整合多媒體創意人才。

如圖 1 所示，本課程教學採取實務與理論教學併進的專題實作教學導向來規畫，透過本課程安排的設計實務專題作業，能使學生能充分運用於本課程中所習得之虛擬角色造型設計實務操作經驗，加強學生對於往後實務工作上的概念。教學方法運用著講述教學法、6E 教學模式(投入、探索、解釋、工程實作、豐富深化、評估)，以及實作示範教學等教學，課程會進行課程解說、操作教學、實作練習、小組討論、報告發表及作品展演等。

圖 1 融入海洋生物以提升 VTuber 虛擬角色實作課程　資料來源：本研究整理

參、結果與討論

一、VTuber聯想學習

如圖2所示，學生們以「海洋生物」為靈感進行角色設計，涵蓋的生物範圍包括藻類動物、海綿動物、軟體動物、棘皮動物、節肢動物及其他海洋動物。這些海洋生物具有高度的可塑性，展現出變態、變身與變異等特質，擁有獨特而多樣的生存技能。

學生透過設計思考與圖像聯想，賦予角色造型以生物特徵，並在設計中融入了造型特色、視覺風格、明顯特徵及奇幻趣味。從這些聯想作業中，學生的角色設計多以日系動漫風格為主，少部分則表現為歐美插畫風格；女性角色占多數，男性角色相對較少；在妝髮與服裝設計上，約有一半設定在架空時代背景，另一半則為現代時裝。

整體設計以擬人化為主，海洋元素為輔，這些元素不僅賦予角色獨特的個性與風格，也使角色在造型上更具創意與想像力。透過這些創作過程，學生們不僅展現了對海洋生物多樣性的理解，也提升了他們在角色設計中的聯想與創造力。

藻類動物1	海綿動物2	棘皮動物1	棘皮動物2	棘皮動物3	棘皮動物4	軟體動物1	軟體動物2	軟體動物3
軟體動物4	軟體動物5	軟體動物6	海洋動物1	海洋動物2	海洋動物3	海洋動物4	海洋動物5	海洋動物6

圖2 海洋生物 VTuber 聯想色稿樣本　資料來源：本研究整理

二、VTuber 造型實作

學生們在 VTuber 設計中，偏好以鯨魚和海豚為主題進行創作，並深入探索角色設定。他們除了完成角色的三視圖、情境圖，還製作了舞蹈影片與直播影片，展現了全面的創意能力。圖 3-1 的 VTuber 蒼玥瀧靈感來自微笑臉白海豚、水母和河豚等元素，設計出具有變色眼鏡和水耳機的角色，手套呈現水的質感，披風則融合了海豚的造型，整體視覺風格帶有軍官王子的藍色海洋意象。

圖 3-2 的 VTuber 洛姆林以魟魚為靈感，學生表示喜愛創造架空的神話生物，選擇以深海的神秘色彩來塑造角色。設計運用了陰暗的海域色系，表現出角色內心的細膩與聰慧。圖 3-3 的 VTuber 彌亞璐則是以古老的鯨魚為故事背景。角色來自名為「瓦地阿斯坦」的鯨魚谷，這裡曾是她的家鄉。故事中，彌亞璐對遠古時代清澈海洋的記憶深刻，但當她多年後回到故鄉，卻發現海洋被人工油汙污染，最終還被漁網困住。透過這些創作，學生們不僅深化了對角色設計的理解，也增強了對海洋保育與永續發展重要性的認識。

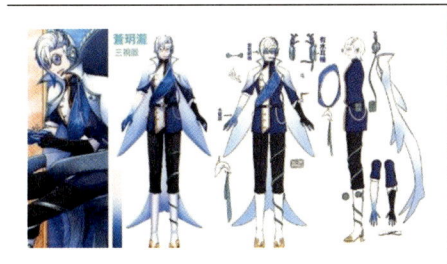

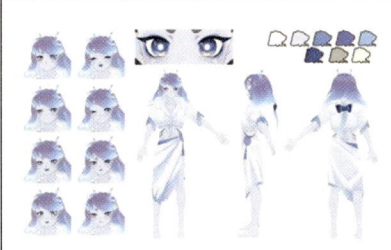

1.VTuber 蒼玥瀧(海豚)	2.VTuber 洛姆林(魟魚)	3.VTuber 彌亞璐(鯨魚)

圖 3 海洋生物 VTuber 實作色稿　資料來源：本研究整理

三、VTuber 學習態度

由表 1 結果顯示，超過七成的學生對於「海洋生物」角色設計聯想單元持正向態度。具體來說，題項 3「學生認為運用『海洋生物』聯想可增加角色設計的表現內容」得到最高支持率（84%），題項 2「我認為『海洋生物』聯想有助於構想作品」的支持率為 80%，

題項 5「運用『海洋生物』設計角色讓我對創作更有信心」為 77%。

此外，題項 1「我認為以『海洋生物』進行角色設計聯想操作容易」得到 72%的支持，而題項 4「我認為運用『海洋生物』設計角色造型容易」的支持率為 69%。整體而言，數媒系學生對「海洋生物」角色設計聯想的正面態度達 76%，其中題項 3 支持率最高（84%），題項 4 最低（69%）。學生普遍認為這種聯想操作簡單易行，有助於作品構想，並能提升表現內容和創作信心。

表 1 學生對「海洋生物」角色設計聯想的學習態度

題項	非常同意	同意	普通	不同意	非常不同意
1.我認為以「海洋生物」進行角色設計聯想是很好操作 72	17%	55%	26%	2%	0%
2.我認為「海洋生物」聯想角色，有幫助我來構想作品 80	21%	59%	20%	0%	0%
3.運用「海洋生物」聯想時，可以增加角色設計表現內容 84	27%	57%	16%	0%	0%
4.我認為運用「海洋生物」來設計角色造型是容易的 69	10%	59%	21%	10%	0%
5.運用「海洋生物」設計角色時，使我對創作更有信心 77	26%	51%	15%	8%	0%
平均	20%	56%	20%	4%	0%

在開放性訪談問卷中，學生們對於課堂中運用「海洋生物」聯想的應用場景進行了討論，如服裝、頭髮、飾品、寵物、鞋子等。某位學生表示：「我個人會運用在飾品和手持物上。以噶嗚·古拉為例，我對她最深的印象不是鯊魚頭套，而是她那身旁的小鯊魚(緊急食物) (No.113015)。」另一位學生則提到：「角色的聯想運用類似於心智圖法，可以幫助思考角色的神情、肢體、動作等各方面的元素(No.113031)。」此外，學生們普遍表示，這次單元有助於他們的學習，並且對未來的創作和專題製作有所幫助(No.113014)。

參、教學課程反思

在教學過程中，每個孩子都擁有豐富的創造潛力，即使是本科學生，有些方面仍需加強。面對這些學生，教師需具備耐心，循序漸進地進行仔細且清楚的講解。課程中，

提供簡單的圖文案例和參考資料，以刺激創作靈感，形成輔助教學的鷹架。透過相互觀摩與分享活動，學生能夠在互動中提升學習成效。此外，透過海洋生物設計角色造型，學生不僅鍛鍊了創意與實作能力，還加深了對海洋環境保育的理解，這樣的反思教育讓學習更加深入且具意義。

肆、結論

在角色設計課程中引入海洋教育，以海洋生物作為聯想元素，對學生的學習成效、課程滿意度以及創意思維發展產生了積極影響。在課程中，學生們的聯想過程中得到了顯著提高。多樣化的海洋生物為學生的靈感來源，能夠創造出具有獨特視覺風格的角色設計。同時，在設計過程中也關注生態保護的議題，增進環保意識。在實作方面，他們都能將設計理念具體化，創造出完整的作品，這過程提升了他們的自信心。總結而言，將海洋保育教育融入角色設計課程，不僅提升了學生的學習成效和創意思維，還培養了他們對環境保護的責任感。

致謝

本研究承蒙教育部教學實踐研究計畫經費補助，特此致謝。

參考文獻

National Oceanic and Atmospheric Administration. (2020). Ocean literacy: The essential principles and fundamental concepts of ocean sciences for learners of all ages (version 3). https://reurl.cc/E1ze90

Petre, M., & Sharp, H. (2006). Complexity through combination: An account of knitwear design. Design Studies, 27(2), 183-222.

李坦營. (2018). 以 STEAM 為本 建構海洋教育新興議題融入視覺藝術之課程模式. *臺灣師範大學美術學系學位論文*, 2018, 1-140.

林月蕊. (2019). 海洋教育資源融入國小低年級視覺藝術教學之行動研究. *國立清華大學藝術與設計學系美勞教師碩士在職專班碩士論文*.

張芬芬、張嘉育(2015)。十二年國教「議題融入課程」規劃芻議。臺灣教育評論月刊，4(3)，26-33。

教育部(2014)。十二年國民基本教育課程綱要：總綱。https://reurl.cc/A08YvK [Ministry of Education. (2014). Curriculum guidelines of 12-year basic education: General guidelines. https://reurl.cc/A08YvK]

教育部(2018)。十二年國民基本教育課程綱要─國民中小學暨普通型高級中等學校：自然科學領域。https://reurl.cc/O4KRg3

陳麗玉, & 羅綸新. (2015). 我國海洋相關博物館推動海洋教育實況調查研究.

Marine Life Transformation Master: Association and Implementation of VTuber

Abstract

This study aims to incorporate "marine life" as a role into marine literacy teaching, and combine it with "VTuber image design" for associative practical teaching. The background of the research is based on the fact that most of the current VTuber virtual anchors are mainly anthropomorphic hybrids. However, marine life has unique appearance characteristics and great creative potential, making it suitable as material for modeling design teaching. This study will use the marine life of "Chaojing Bay" as the main research material, combine contemporary art and VTuber virtual anchor cases, start from the perspective of design thinking, use the graphic association teaching method (Graphic Association), guide students to carry out creative design and practice do. This study uses a variety of methods such as design thinking exercises, questionnaires, learning sheets, interviews, practical assessments, and homework performances to enhance students' creativity, conceptualization, and practical skills. The expected results of the study include: (1) exploring students' acceptance and opinions on the teaching of integrating marine life into VTuber design; (2) analyzing students' design performance in this teaching activity; (3) promoting students' discussion and Reflection. Through these comprehensive investigations and results, this study hopes to provide valuable practical experience references for practical teaching of marine education.

Keywords: marine life; VTuber; image association; character design

Case 5-案例五

創意的力量：探索地方特色融入商品設計的教學實踐

The power of local creativity: exploring the teaching practice of integrating local characteristics into product design

本篇刊登於 2024 第十一屆海峽兩岸創新與融滲式教學研討會論文集

東南科技大學 出版 ISBN：978-957-8770-10-2

獲「教育部推動第三期(112-113 年)大學社會責任實踐計畫

-淡藍市場科技數位文旅典藏服務培力計畫」補助

經匿名審查通過

地方創意的力量:探索地方特色融入商品設計的教學實踐

摘要

本研究旨在探討如何將地方特色融入商品設計教學,以提升學生的創意思維與學習成效。Z 世代的大學生常表現出缺乏耐心、創新思維不足、以自我為中心,且對周遭環境缺乏感知等問題,加上學習態度不積極及對在地文化的關懷不足,這些挑戰是否能通過有計劃的教學引導來改善,是一個值得深入探討的議題。因此,本研究提出以人為本的創意思維訓練,並選定本校所在地深坑老街作為探討主題,結合廣告設計實務與地方文化推廣專題的教學模式。課程實施內容包括:人性化設計、創意思維訓練、廣告設計及品牌整合行銷傳播。創意思維課程則通過創意訓練工具,激發學生的創造力。

教學成效的研究方法採質量混合方式,質性部分收集學生的反思回饋,量化部分則通過前後測檢測創意思維教學成效,並進行課程滿意度調查。預期成果為通過將地方特色融入商品設計教學,提升學生對在地文化的認識,並通過田野調查探索地方特色,觀察其對學生學習成效的提升是否有顯著影響。

關鍵字:文化創意、地方特色、商品設計、教學實踐、設計思考

壹、前言

一、研究動機與背景

當代大學生多屬於 Z 世代，也被稱為 M 世代（多工世代，multitasking）或網際網路世代（the internet generation）（MBA 智庫百科，2020）。這一群體成長於社會富裕和網路科技發達的年代，深受網際網路與科技「立即滿足」文化的影響，導致 Z 世代習慣於快速獲取所需資訊，無形中缺乏耐心學習。此外，由於隨手可得的「懶人包」資料泛濫，間接削弱了他們的深度思考力與創新能力。

東南科技大學位於新北市深坑區，於民國 59 年設校，至今已有 54 年歷史。該校數位媒體設計系成立至今已邁入第十年。雖然部分教師已導入深坑在地文化進行相關商品包裝與媒體創作，但這些設計多停留在視覺層面，缺乏對在地文化的深入理解和關懷，亦未能有效感知當地環境與人文情懷。同時，透過「在地文化產業」和「新北深坑」兩個關鍵字在華藝線上圖書館中的檢索，雖發現有部分深坑地方文化和產業相關的研究，但尚缺乏關於文化創生及其設計衍生應用的深入探討。因此，深坑地方文化特色發展仍待進一步研究與關注（Chen, 2021）。

基於上述新生代學習態度以及對在地文化缺乏關懷的現象，是否可以通過有計劃的設計教育來改善這一問題，成為本研究探討的核心方向。本研究將透過專題設計的方式，啟發學生的人本創意思考，並讓學生實際參與地方文化的推廣，進行主題探索並發現問題。教學目標除了讓學生學習廣告設計的專業知識，亦期望激發他們的創意思維，進而建立對地方文化和社區發展的基本認知（Wang & Li, 2022）。

二、研究問題

本研究的專業理論與課程實施涉及四個主要面向，包括人性化設計、創意思考、科技互動與整合廣告設計。在人性化設計方面，課程內容主要圍繞設計思考、使用者需求和消費者洞察展開；創意思考部分則以創意訓練工具激發學生的創造力，進行專題設計；科技互動課程讓學生理解使用者歷程並進行科技體驗；廣告設計課程則以專題設計為主，從企劃到設計執行，運用主要溝通平台，達成溝通成果，並結合消費者決策歷程，整合

多種媒體載具完成設計專案（Liu & Zhang, 2023）。

三、研究目的

本研究的目的是通過人本創意思考訓練來執行廣告設計教學，並通過問卷調查與反饋紀錄來探討此教學模式對學生學習成就與創意思維自我效能的影響。同時，研究也旨在評估學生對教師教學、課程教材、專業知識以及專業態度的滿意度（Huang et al., 2023）。具體而言，本研究將探討人本創意思考是否能夠有效提升學生的學習成果，並檢視學生對於課程的整體反應。其研究敘述如下：

（1）**實施設計思考訓練**：促進學生的創意思維發展。

（2）**探討教學模式影響**：分析其對學生學習成就與創意自我效能的提升。

（3）**評估課程滿意度**：檢視學生對教師教學、教材內容及專業知識的反饋。

（4）**檢視學習成效**：確認人本創意思考是否能增進學生的學習成果。

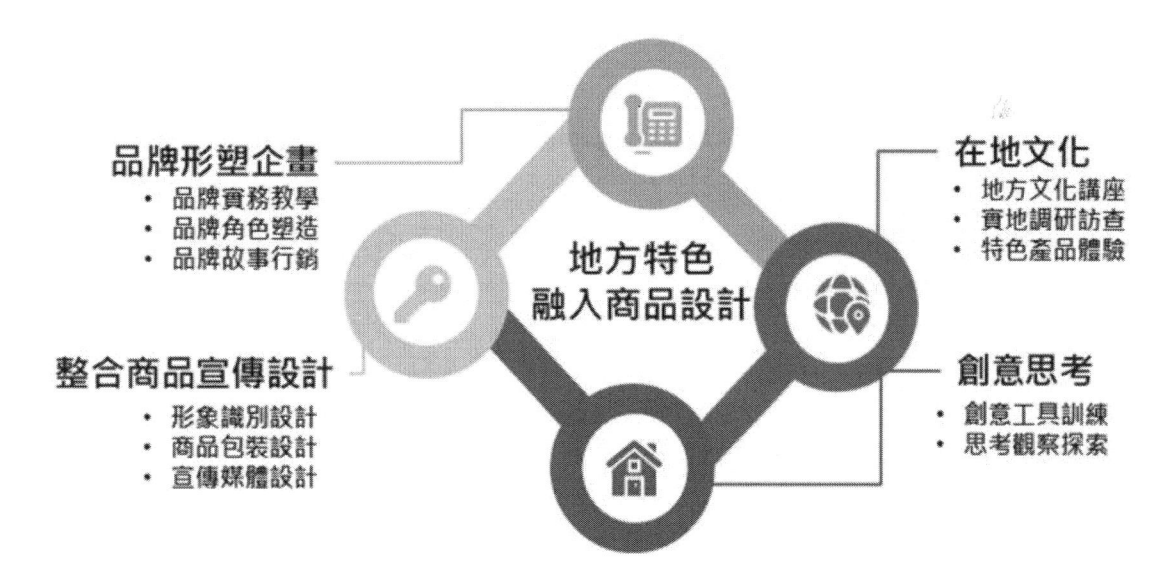

圖1：本研究之教學實踐之課程實施　　資料來源：本研究繪製

貳、文獻探討

一、地方特色結合文化創意行銷

政府自 1989 年起推行「一鄉一產品」（OTOP）政策，借鑒日本的「一村一品」（OVOP）運動，旨在結合地方文化特色，發展具區隔性的產品，如手工藝品或食品，進而促進地方經濟發展（Chen et al., 2021）。地方產業的發展，基於地方歷史、文化和自然資源，透過文化創意提升產品附加值，不僅振興經濟，還能推動文化保護與傳承。

地方特色產品的行銷已逐漸從傳統手法轉向文化創意行銷。文化創意行銷的核心在於將地方文化與產品相結合，通過品牌故事與文化背景傳遞產品的深層價值，吸引消費者的情感共鳴（Jones & Smith, 2022）。此行銷策略透過節慶活動、文物展示等平台，結合創新科技，將地方特色產品推向更廣闊的市場。

文化創意產業自 2002 年推動以來，已成為地方發展的重要支柱。根據行政院推動的「文化創意產業發展計畫」，文化產業被定義為透過創意與文化積累，利用智慧財產創造財富與就業機會，並提升民眾生活品質（Liu et al., 2023）。2010 年發布的《文化創意產業發展法》進一步確立了文化創意產業的法律框架，促進創意產品與服務的多樣化，助推地方特色產品行銷模式的創新發展。

此外，經濟部自 2003 年起推動的「創意生活產業」計畫，強調文化創意與生活產業的結合，致力於提供具有深度體驗和高質感的產品與服務（Wang & Lee, 2023）。這類創意產業不僅促進了傳統地方產品的現代化，也擴展了市場影響力，通過數位平台將地方產品推向國際市場。

總結來說，地方特色結合文化創意行銷，不僅增強了產品的市場競爭力，還通過創新行銷手段促進了地方經濟發展與文化傳承。文化創意的應用使地方產品更具吸引力，並擴大了消費群體，為未來的產業發展提供了廣闊空間。

二、創意思考運用於商品設計

創新（Innovation）於商業領域中的應用，起源於 1912 年，Schumpeter（2005）將其定義為創造新組合、新觀點及新方式的過程，而非僅限於技術創新。現代的創新不僅關

注技術，還強調以人為本的設計思維，將人性的洞察與創造力相結合（Yokota, 2018）。創意思考（Creativity）是創新的一部分，它通過重新組合現有知識來創造新價值，這種能力來自於對基礎知識的深刻理解與大量的累積（Young, 2009）。在商品設計領域，創意思考逐漸取代傳統的技術驅動，成為推動創新產品和服務開發的重要手段。創意思考的核心在於跨領域的知識結合與多角度的問題解決能力（Smith & Ward, 2022）。透過創意工具如腦力激盪、心智圖及強力組合法，設計師能有效地開發新穎的產品構想，進而創造具市場競爭力的商品（Liu et al., 2023）。

許多研究探討了創意思考如何應用於設計教育及實務。例如：國內學者陳俞均（2020）將創意思考運用於繪畫課程，透過腦力激盪法和自由聯想法來增強學生的創意思維；柯亞先（2016）則在工業管理系的教學中，使用水平思考法與曼陀羅思考法來訓練學生的創意設計能力，這些方法已被證實對於提升學生的創意表現具有顯著效果。

國際研究同樣支持創意思考在商品設計中的應用價值。Smith 與 Ward（2022）強調，創意訓練能增強設計師將消費者需求與市場趨勢結合的能力，從而開發出具文化價值和商業潛力的產品。Liu 等人（2023）則指出，創意與技術的結合在商品設計中尤為重要，創意思考能夠推動從原型設計到產品上市的全過程，提升產品的市場接受度與文化連結。

三、地方特色融入教學實踐

地方特色融入教學實踐是一種將地方文化與教育結合的創新方式，特別是在廣告設計與品牌行銷的教學中，地方特色能夠激發學生的創意思維，並強化其對文化背景的理解。研究表明，地方文化元素的引入可以提升學生的學習動機，讓他們更具創造性和應用能力（Smith & Johnson, 2021）。本研究透過與深坑商圈觀光發展協會合作，進行「深坑老街文化推廣整合行銷設計」專題，讓學生通過田野調查，結合地方文化進行品牌推廣，展示了地方特色在教學中的重要性。

將地方文化融入教學，不僅能夠讓學生更深入地了解社區和文化背景，還能提高他們在設計中的創意能力。地方特色提供了具體且豐富的素材，學生可以通過這些素材進行實地研究，並結合創意思維，提出具有地方文化價值的品牌設計（Liu & Chen, 2022）。這樣的實踐教學模式，使學生能夠在真實情境中應用他們的設計知識，並且在過程中提

升他們的觀察力和創意思考能力。文獻指出，當學生參與以地方文化為基礎的設計實踐時，他們不僅學習到理論知識，更能體驗到文化脈絡對品牌設計的影響（Jones & Brown, 2022）。這樣的教學方法不僅增強了學生的學習興趣，還促使他們對地方文化產生更深的連結和關懷，進一步提升他們在品牌行銷設計中的創意表現。

此外，媒體行銷的整合在地方文化推廣中的運用，亦是教學實踐中不可或缺的一環。透過跨媒體整合，學生可以學習如何運用不同的媒體平台來推廣地方品牌，這樣的教學設計能夠讓學生理解現代行銷策略的多樣性，並靈活應用於地方文化推廣上（Kim & Lee, 2023）。數位媒體的整合能夠加強地方文化與年輕消費者之間的聯繫，使地方品牌在市場中具備競爭力。總結來說，地方特色融入教學實踐不僅能夠促進學生的創意思維和設計能力，還能強化其對文化背景的理解。透過真實的田野調查和品牌推廣專題，學生能夠將課堂理論應用於實際，提升學習成效，並為地方文化的持續發展提供創新策略。

四、小結：地方特色於設計課程的學習效能

地方特色融入設計課程能顯著提升學生的學習效能。結合地方文化的設計實踐，不僅能激發學生的創意思維，還能加強其對文化背景的理解，促進學習動機與設計創意的發展（Smith & Johnson, 2021）。本研究之教學實踐與深坑觀光發展協會合作，執行專題「深坑老街文化推廣商品設計」，帶領學生進行田野調查，觸發學生觀察力與創意思考力，透過小組企劃尋求適合溝通成果與目標、消費者決策歷程和宣傳的溝通平台，最後執行進行設計製作，完成實踐深坑在地文化推廣整合行銷設計之學習任務。

參、研究方法

一、教學設計

廣告設計是本系專業必修的核心課程，課程規劃旨在逐步引導學生從理論到實踐。首先，如圖1，通過文獻探討向學生傳授廣告設計的專業知識，接著進行設計思考訓練，激發學生的創造力與設計思維。課程中結合「深坑老街文化推廣整合設計」專題，讓學生透過觀察使用者需求和探索地方文化，將其轉化為具有創意且目的性的設計方案，達成推廣深坑老街文化的目標。課程為一學期共 18 週，扣除期中與期末兩週考試，實際教學共 16 週。課程分為四大單元，如下列陳述。

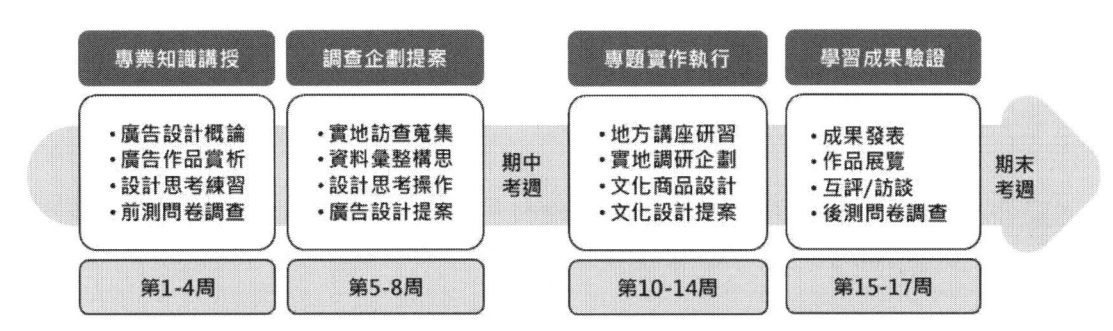

```
┌─────────────┐  ┌─────────────┐         ┌─────────────┐  ┌─────────────┐
│ 專業知識講授 │  │ 調查企劃提案 │         │ 專題實作執行 │  │ 學習成果驗證 │
└─────────────┘  └─────────────┘         └─────────────┘  └─────────────┘
・廣告設計概論    ・實地訪查蒐集           ・地方講座研習    ・成果發表
・廣告作品賞析    ・資料彙整構思   期中    ・實地調研企劃    ・作品展覽     期末
・設計思考練習    ・設計思考操作   考週    ・文化商品設計    ・互評/訪談    考週
・前測問卷調查    ・廣告設計提案           ・文化設計提案    ・後測問卷調查
   第1-4周          第5-8周                 第10-14周         第15-17周
```

圖 1 本研究教學實踐課程規劃　　資料來源：本研究繪製

1.專業知識講授：前五週主要進行廣告設計製作流程、設計思考、創意思考及整合品牌行銷設計的理論講授，並進行前測問卷調查，檢測學生的學習成效。

2.設計思考教學：接下來的三週，進行創意思考工具訓練，包含設計思考練習，田野調查後進行同理心地圖、人物誌及顧客旅程地圖的設計思考，幫助學生理解設計過程中的用戶需求。

3.專題設計實作：學生分組（每組2~4人）進行為期六週的設計實作，專注於深坑老街文化推廣的整合廣告設計。期間將舉辦一次廣告品牌工作坊，幫助學生更深入了解廣告品牌的創意設計與實務製作。

4.學習成果展示：最後兩週為成果發表與展覽，學生進行學習反饋及後測問卷調查，檢測學習成效、創意自我效能及課程滿意度。

這樣的課程設計不僅提升了學生的專業技能，還結合了地方文化的推廣與實際應用，增強學生的創意思維及實作能力。

二、研究對象

本研究針對研究者所任教系別的大三專業選修「廣告設計」課程學生，計有 55 位，學生的專業背景為曾受過基礎設計訓練，修習過廣告與行銷理論，初次學習廣告設計者 52 名，重選修 3 名。本研究於加退選確認修課者後，將學生自由分組，每組 2~4 名成員，

並於教學實驗之初進行研究說明，包括：本課程之學習目標和內容、教學方法與進行方式，參與實驗人數為 55 位（20 名男性和 25 名女性），共分成 16 小組。

表 1. 受測者基本資料

項目		樣本數	百分比（%）
性別	男	20	44%
	女	25	66%
畢業高職(中)科別	本科(多媒、廣告、美術等等…)	38	76%
	非本科(高中、資訊、餐飲等等…)	17	24%

三、課程進度

課程進度規劃（見表 2）分為兩個階段進行，課程內容概述如下：**階段一：在地文化設計提案**，聚焦在地文化的資料收集與創意發想，學生透過小組實地調查活動，深入了解在地特色並進行創意表達。**階段二：深坑文創實作提案**，透過實作探討與創意思考，學生在課堂上進行設計構思並提交文創設計提案，進一步提升設計實務技能。

表 2 課程教學進度

週次	日期	課程主題	內容說明
1	02/27	廣告設計概論與課程介紹	課程介紹
2	03/05	廣告商品字體設計(1)	廣告字體設計運用
3	03/12	廣告商品美編設計(2)	商品美編設計運用
4	03/19	廣告商品版面設計(3)	商品版面設計運用
5	03/26	在地文化企劃構思-實地訪查(1)	在地文化資料蒐集
6	04/02	在地文化企劃構思-實地訪查(2)	小組實地訪查活動
7	04/09	在地文化設計提案(1)	小組設計提案
8	04/16	在地文化設計提案(2)	小組設計提案

週次	日期	課程主題	內容說明
9	**04/23**	**期中考周：深坑紀念品期中報告(1)**	**期中小組報告**
10	04/30	期中小組報告(2)、深坑學	講座
11	05/07	文創商品實務探討(1)	與業師創意提案
12	05/14	文創商品實務探討(2)	與業師創意提案
13	05/21	深坑文創實地調研	校外調研活動
14	05/28	深坑文創設計提案(1)	與業師討論實作
15	06/04	深坑文創設計製作(1)	與業師討論實作
16	06/11	深坑文創設計製作(2)	與業師討論實作
17	06/18	期末整合作業(深坑文創商品發表)	成果報告
18	**06/25**	**期末考周-商品發表**	**期末作品演展**

資料來源：本研究整理

四、學生成績考核與學習成效評量工具

1. **實作歷程 - 設計單**：設計單作為學生實作歷程的評量工具，幫助記錄並展現學生從概念形成到最終提案的完整過程。

2. **學習單**：學習單的設計針對課程的主題，從基本的廣告設計到在地文化創意，逐步深化學生的理解和應用。

3. **平常作業**：作為平日評量項目，平常作業依據各週課題設計，從廣告字體設計、美編設計到在地文化企劃構思等，作業完成反映學生的學習情形。

4. **網路討論及評量**：學生可通過平台分享想法並與同學互相評量，例如在小組設計提案過程中，相互交流與評估，增強表達能力並提高學習的成效。

5. **上課參與態度及出席狀況**：透過學生的出席紀錄和課堂參與情況，評估其學習態度，學生的積極性和投入度將成為此項評分的重要參考。

肆、結果與討論

一、第一階段：設計思考教學實踐

本研究之教學分為前測與後測兩部份，考量其公平性同學們均需全程參與，採實驗採組內設計（within-subjects design），期中前主題比較聚焦於新北市深坑區的地方文化生態風景為主，構想出代表深坑的紀念品，期中後另以深坑老街當地商家為主題，研究於前後測實驗時選擇不同專題項目，讓學生進行兩部份的專題均保有設計新鮮感，以提高學生參與度和實驗檢測精確性。考量受測者在深坑求學，可以為推廣深坑地方發展盡一份心力，又因地利關係方便同學進行田野調查，本研究提出第二個專題項目（期中與期末）「深坑老街文化推廣整合媒體設計」。

如圖 2 所示，階段先導入在地文化視覺元素，藉由創意思考工具訓練，包括：設計思考發想、田野調查後進行同理心地圖、定義問題、多媒體創意腦力激盪等，再帶領同學深度觀察深坑之歷史文化、深坑地景風貌與特色，設計出消費者需求和整合媒體宣傳設計，嘗試於期中後推廣方案設計（角色塑造、故事行銷），來引導學生如何將所學來學習服務在地、回饋鄉里。

| 1.深坑老街 | 2.古蹟黃氏永安居 | 3.水運匯集地 | 4.文山包種茶產地 | 5.巴洛克雕花 |
| 6.麻辣臭豆腐 | 7.黑豬肉 | 8.新北筍王 | 9.深坑林家草屋 | 10.茶山古道 |

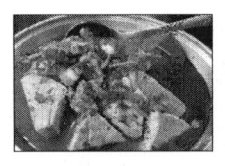

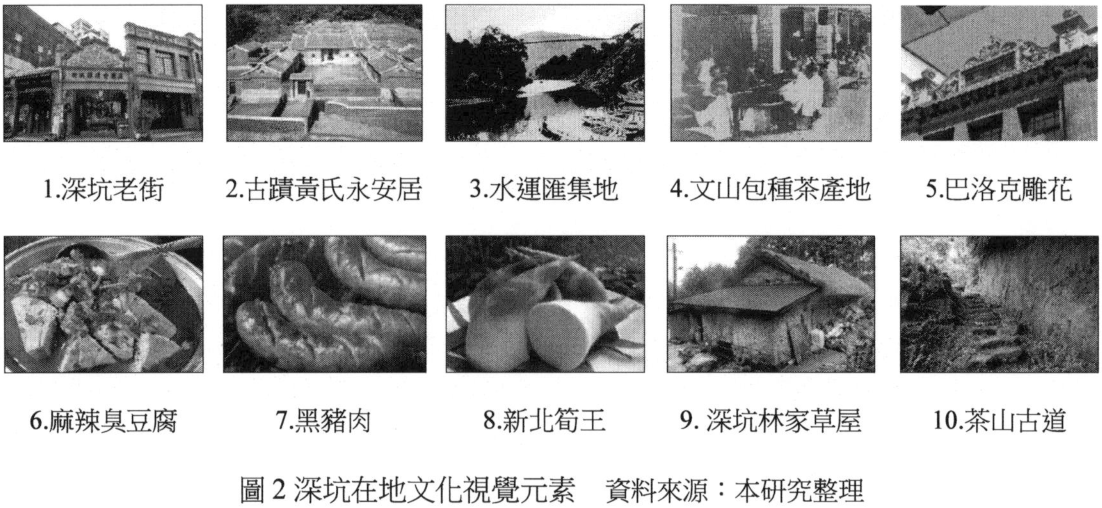

圖 2 深坑在地文化視覺元素　資料來源：本研究整理

貳、主題內容與方法技巧案例分享

組名稱	角色命名	紀念品構想	學生提案(取樣)
做人要厚道	茶葉厚道擬人	扭蛋公仔	
山豬肉	山豬Q版	明信片	
桐趣	小花精靈	扭蛋	
金好拎	愛爾蘭小精靈	茶葉禮盒	
一條老路	食蟹獴	杯墊	
四寶之謎	四寶	手提包	
深坑的味道	豆腐	扇子	
烏岺	黑豬擬人	餐袋水壺毛巾	
豆趣	小豆腐人	壓克力吊飾	

圖3 學生期中報告提案方向　　資料來源：本研究整理

圖4 學生期中設計提案案例：炭烤豆腐　　資料來源：本研究整理

　　如圖 3、4，學生多以深坑四寶豆腐、茶業、黑豬肉和竹筍為創意發想主題，同理心地圖的目的是從使用者的角度理解其經歷和情緒，透過蒐集資訊以促進更深層的同理，例如圖 6 提案炭烤豆腐，學生提出說（Say）：「這樣的豆腐味道很獨特，不像一般的豆腐。」做（Do）：「在社交媒體上分享炭烤豆腐的試吃體驗和照片，向朋友推薦。」想（Think）：「希望炭烤豆腐有更多創新口味和包裝，以滿足不同的口味需求。」感受（Feel）：「感到新奇：炭烤的風味讓豆腐變得不一樣，帶來一種新鮮感。」學生們表示希望老街也有年輕潮流風，色彩繽紛多彩很適合年輕學梓搭配。

二、第二階段：地方文創教學實踐

如圖 5，本研究進行深坑文化與品牌行銷工作坊，藉由環境設計專家、地方人士、商家、專業品牌設計總監一起來協同教學，讓同學瞭解地方特色融入商品企劃設計。有文化講座與做豆腐體驗（圖 6），學生於深坑農產品推廣中心集合，進行做豆腐體驗，讓參加者親自動手製作當地特色的豆腐，體驗傳統工藝和文化。深坑文創實地調研，學生小組於深坑廳集合，由深坑里黃里長當任導覽解說，參加者參觀深坑廳，了解深坑的歷史、文化和特色。調研活動由小組進行商家訪談拍照記錄，每個小組前往不同的當地商家進行訪談，如圖 7：寶桂的店豆腐麻糬、茶焗舞蛋、賺錢湯、麗芬肉粽、高老庄茶鋪、深坑石板串燒豆腐、阿珠の店-芋圓等店，瞭解每家的品牌故事、產品特色等，同時拍攝照片作為記錄和後續報告使用。接著，將所蒐集資料進行彙整討論，以初稿提案與色稿提案兩階段（圖 8）。

1. 深坑農特產中心　2. 深坑里黃里長　3. 賺錢湯老闆　4. 深坑前區長　5. 寶桂的店老闆

圖 5 深坑在地人士與商家　資料來源：本研究整理

1.戶外教學文化調研　2.深坑廳高山茶體驗　3.做豆腐體驗

圖 6 田野調查戶外教學情形　資料來源：本研究整理

貳、主題內容與方法技巧案例分享

1.高老莊茶鋪　　　2.茶焗舞蛋　　　3.阿珠芋圓　　　4.小學堂豆花　　　5.寶桂的店

圖 7 深坑老街學生提案合作商家　　資料來源：本研究整理

1.地方文化講座　　　　　2.商品提案討論　　　　　3.商品品牌講座

圖 8 業師協同授課與學生討論情形　　資料來源：本研究整理

　　圖 9-1，「深森不息」紀念品創作運用深坑四寶為角色設計：茶葉：健康活潑，翠綠色調，象徵清新風味，豆腐：溫和友善，米白色系，傳達營養與細緻口感，竹筍：活潑俏皮，淺綠色，呈現竹筍的自然原味，黑豬肉：美味豐富，黑色與粉紅色調，突顯風味和營養，設計場景可放置於深坑山林或田園，展現地方自然風貌與農特產品魅力。

　　如圖 9-2，「茶焗舞蛋」選用南投在地茶葉，經多日工序烘焙，遵循古法創新製成。南投製茶世家致力於推廣台灣傳統茶文化，堅持自然農法與友善栽培，開發出富含茶香的創意茶食。茶葉香氣完美融入蛋中，口感 Q 彈，美味可口。包裝融合日文等元素，傳達品牌的多元性，並加上農會認證標章，品質更有保障。「茶焗舞蛋」在創新與品質間取得平衡，關注可持續發展與文化傳承，成為深坑當地知名美食。基於品牌歷史與產品特色，我們將進行全新視覺設計，計劃以古典女性形象重塑品牌印象，並將手提袋改為具品牌特色的紙盒包裝，讓「茶焗舞蛋」成為深坑特色伴手禮，吸引更多消費者體驗。

　　另外，圖 9-3，「寶桂的店」以「五穀豐收，繁榮昌盛」為設計理念，結合店家原材

料與當地信仰，創作出供遊客參拜的特色禮品。設計靈感源自五路財神，融入五穀素材，象徵豐收帶來的財富與健康，用心製作以傳遞珍貴價值。在行銷方面，強調網路推廣，藉由活動與互動貼文吸引客群，將產品打造成當地特色，不僅面向路邊遊客。產品設計以禮盒為主，單支賦予特定主題與意義，為社區打造具文化特色的商品。並現場展示製作流程，讓遊客親身體驗，增強信任度並提升品牌形象。

圖 10 展示出學生期末報告發表情況，學生透過現場展示專案成果，依次上台詳細介紹內容與過程。最後，全體學生與指導老師合影留念，紀錄此次圓滿完成的活動，充分展現學生的學習成果與合作精神。

1.深坑區公所紀念品　　2.茶焗舞蛋　　3.寶桂的店

圖 9 學生期末實作成果提案　資料來源：本研究整理

1.成果展演　　2.成果發表　　3.成果團體合照

圖 10 學生期末報告發表展演情形　資料來源：本研究整理

三、 學習成就與自我效能分析

本問卷針對 55 位學生進行調查，其中 20 位為男性（44%），25 為女性（66%），受測者均為本系學生。研究目的在於探討地方文化融入商品設計來提升實作技能，研究自變項為「地方文化融入教學」（實施前測和實施後測），考量檢測項目「學習成就」、「創意構想」、「創意實作」之量表係為評估受測者心理反應而得，為評估研究變數是否具備心理測量所需之信度，本研究以統計軟體 SPSS 23 進行信度分析。本研究以多變量變異數分析，分析地方文化融入教學對學生學習成效的影響，分析結果得知學習成就前測（M=81.158, SD=11.922），後測（M=91.316, SD =9.346）、創意構想前測（M=3.303, SD=0.710），後測（M=3.829, SD=0.559）、創意製作前測（M=2.776, SD=0.399），後測（M=3.224, SD=0.61），各項指標於地方文化融入商品設計教學實施後，均呈現上升狀態，如表 2 所示。

多變量檢定分析結果指出地方文化融入的效果達 95%統計顯著水準（Wilk's λ=0.685, F=2.94, p< M 後=91.316），故假說 1 獲得支持。換言之，學生經由創意練習、地方文化融入教學活動、實地調研、實作訓練及實作報告展演等，一連串教學設計執行之下，對學生學習成就而言具有提升學習之效應。

對應學生之反思回饋報告，發現創意練習屬於潛移默化的思考訓練，有可能無法立即反映在解決專題的問題上，但在回饋報告中大多數的學生仍認同課堂中實施地方文化融入教學有助於專題設計之發展。例如：學生提到：「<u>**學生們認為，地方文化融入課程活動加深了他們對在地文化的理解與認同，並讓專題設計更具意義。參與這樣的活動不僅提升專業技能，也培養了對家鄉的熱愛與自豪，認為這是難得且有價值的學習經驗。**</u>(s113029、23、48)」

表 2. 本研究教學施行前、後之學習成效

項目		平均值	標準差(SD)
學習成就	施行前	81.158	11.922
	施行後	91.136	9.346
創意構想	施行前	3.303	0.710

項目		平均值	標準差(SD)
	施行後	3.529	0.559
創意製作	施行前	2.776	0.339
	施行後	3.224	0.617

資料來源：本研究整理

四、課程滿意度分析

　　課程滿意度檢測構面包括：教師教學、課程教材、專業知識和專業態度。由表 3 可知，四個項目中同學對於專業知識的學習給予最高評價（M=4.434, SD=0.645），課程教材給予最低評價（M=4.158, SD=0.756）。再深入分析發現，教師教學構面中，滿意度最高的是「參與本課程，有助於提升我對地方文化融入商品設計的了解。（M=4.421, SD=0.692）」，滿意度最低的為「參與本課程，有助於提升我的專業技能應用於實務上（M=4.263, SD=0.806）」；課程教材構面中，滿意度最高的是「對於本課程之教材，我感到（M=4.316, SD=0.749）」，滿意度最低的為「對於本課程之課程內容安排，我感到（M=4.053, SD=0.848）」。

　　專業知識構面中，滿意度最高的是「參與本課程，讓我明瞭具備地方文化融入商品設計的重要性（M=4.579, SD=0.607）」，滿意度最低的為「參與本課程，讓我學習新科技與廣告設計知識（M=4.365， SD=0.831）」；專業態度構面中，滿意度最高的是「參與本課程後，我對文化商品設計學習更感興趣。（M=4.474, SD=0.697）」，滿意度最低的為「參與本課程後，我對自己文化商品設計能力更有自信（M=4.000, SD=0.943）」。

表 3. 滿意度分析表

滿意度問項	平均值（M）	標準差（SD）
教師教學	**4.342**	**0.698**
1. 參與本課程，老師和專家整體教學方式與態度，讓我感到滿意。	4.316	0.671
2. 參與本課程，有助於提升我的專業技能應用於實務上。	4.263	0.806
3. 參與本課程，有助於提升我對地方文化融入商品設計的了解。	4.421	0.692
4. 總體而言，參與本研究，對我的設計實務有正面幫助。	4.368	0.761
課程教材	**4.158**	**0.756**

滿意度問項	平均值（M）	標準差（SD）
1. 對於本課程之課程內容安排，我感到。	4.053	0.848
2. 對於本課程之授課時數安排，我感到。	4.158	0.765
3. 對於本課程之教材，我感到。	4.316	0.749
4. 對於本課程之進行流程，我感到。	4.105	0.809
專業知識	**4.434**	**0.645**
1. 參與本課程，讓我學習地方文化融入商品設計知識。	4.365	0.831
2. 參與本課程，讓我學習文化商品品牌形塑企畫知識。	4.421	0.692
3. 參與本課程，讓我學習文化商品品牌設計製作技能。	4.374	0.684
4. 參與本課程，讓我明瞭具備地方文化融入商品設計的重要性。	4.579	0.607
專業態度	**4.158**	**0.895**
1. 參與本課程後，我對文化商品設計學習更感興趣。	4.421	0.769
2. 參與本課程後，我對文化商品設計的知識會更主動學習。	4.158	1.015
3. 參與本課程後，我對文化商品設計知識會更主動學習。	4.105	0.875
4. 參與本課程後，我對自己文化商品設計的專業知能更有自信。	4.053	0.970
5. 參與本課程後，我對自己文化商品設計能力更有自信。	4.053	0.848

資料來源：本研究整理

整體而言，同學對於本研究之教學設計還是給予正向且滿意的肯定。正如同學自我反思回饋提到「**這學期的學習我覺得是個有趣的體驗，即使我們身在深坑三年了，對這個地區還是很陌生。這學期的課程讓我收穫豐富，是一次有趣的學習體驗。**（s113001）；「同學間的鼓勵與製作技巧的分享，**讓學習過程更加順利，互助的氛圍也增進了彼此間的連結。整體而言，這種學習環境讓我更投入，對課程感到非常滿意。**（s113015）」

在這教學過程中，接觸不少專家學者，透過品牌業師的精彩案例與引導中，也讓學生對未來職場視野擴增不少，「**第一次參與品牌設計，不僅增加了實作的樂趣，還體會到組內協調與分工的重要性。每位成員都在自己的崗位上盡責，並在規定時間內完成任務，透過友善的意見交流避免延誤進度，讓我大大提升了與組員溝通合作的能力。**（s113033）

五、教師教學反思

將教學反思羅列以下重點：

1. **課程核心與教學成效**：本課程以「地方文化融入與設計思考」為核心，透過深坑在地文化的整合行銷設計，帶領學生在創意設計的過程中探索自身環境，並激發對地方文化的認同感與關愛之情。同時，這種設計實踐也幫助學生提升品牌設計的專業能力，培養出具備社會責任感的創意人才。

2. **學生成長與挑戰應對**：在教師、業界專家與同儕的多方互動中，學生們從實際操作中逐步提升，在面對設計過程中的負面回饋時，也能積極地將這些回饋轉化為改善設計的動力，進而提升創意思維和自我效能。這種積極的挑戰應對態度，顯示了學生在自我成長與專業發展上的進步。

3. **人本創意教學法的價值與成效**：透過人本創意教學法，不僅增強了學生的創意製作能力，還深化了他們對地方文化的理解與應用，使學生更具跨學科、跨文化的視野，從而在作品中展現出文化共鳴與自信心。這種教學法的成效，是傳統教育無法輕易達成的，並為未來設計教育帶來新的啟示。

六、小結

本研究透過「地方文化融入與設計思考」的教學實踐，以深坑在地文化為主題，設計了雙階段的課程活動，包含紀念品設計及文化推廣媒體專案。在專題操作過程中，學生藉由田野調查、品牌行銷工作坊及業師指導，不僅提升了設計技巧，還在持續的回饋和自我優化中，增強了創意構思與製作能力。學習成效數據顯示，地方文化融入的教學方法顯著提高了學生的學習成就和創意自我效能，特別是對創意思維與實作的影響最為突出。

伍、結論與建議

一、結論

本研究結果顯示，「地方文化融入商品設計」教學模式對學生的學習成效和創意潛能

發展具顯著提升效果。透過前後測比較，數據顯示學生在學習成就、創意構想及創意製作三個方面均有顯著進步。尤其在創意思維和實作能力的增強上，地方文化融入與設計思考的教學方式為學生提供了嶄新的學習體驗，有效激發了他們對在地文化的關注與探索熱情。

課程滿意度分析結果顯示，學生對於專業知識的學習、教師的教學方法以及課程內容整體給予高度評價，並認同該課程在專業技能與地方文化理解上的雙重助益。此外，學生在面對負面回饋時能將其轉化為成長的動力，顯示出本課程在提升學生的自我效能及自信心方面具有成效。

總體來說，本研究證實了透過在地文化融入設計教育不僅能強化專業技能，也能提升學生的創意思維，讓學生在設計實務中展現更高的文化意識和自信心。

二、建議

1. **教學法應用延伸**：建議在更多設計課程中融入地方文化與人本創意教學法，促進學生對在地社會的關懷與創意自信心的提升，使其能更靈活地將學習內容與在地文化資源結合。

2. **強化產學合作與共創機會**：未來課程可積極拓展與業界、地方文化組織及當地居民的合作，透過產學合作、工作坊或共創活動，讓學生深入了解在地需求，並與當地居民共同設計，創造出符合社群需求的設計作品。同時，這些合作也能為學生提供真實的實踐經驗，讓他們能在解決實際問題的過程中累積實務能力。

3. **增設實務競賽與作品展示**：鼓勵學生參加校外競賽或舉辦校內作品展示，不僅提升學生的實務能力，還可通過專業評價來驗證其設計表現，進而增強其自信。作品展示亦可邀請當地社區居民參與，讓設計成果更直接地回饋在地社群，增加設計實務的社會影響力。

誌謝

作者感謝教育部東南科技大學113學年度高教深耕計畫、教育部USR113學年度淡蘭市場科技數位文旅典藏服務培力計畫之補助，以及參加老師與學生們，特致謝忱。亦衷心感謝諸位匿名審查委員與編委會對論文提供寶貴的意見，使本文更臻完善。

參考文獻

Chen, J. (2021). *Local culture and industrial development in New Taipei City: A case study of Shenkeng*. Journal of Cultural Heritage, 10(2), 115-128. [SSCI]

Chen, Y., Wang, J., & Zhang, P. (2021). Exploring the integration of local culture in product design: A case study of Taiwan's OTOP policy. *Journal of Cultural Economics*, 45(3), 456-469. [SSCI]

Huang, S., Chen, L., & Zhao, P. (2023). *Assessing the effectiveness of human-centered creative thinking in advertising design education*. Educational Technology & Society, 26(1), 90-104. [SSCI]

Jones, A., & Brown, T. (2022). Enhancing creativity through cultural immersion: A case study of regional branding. *Journal of Marketing Education*, 44(1), 65-78. [SSCI]

Jones, A., & Smith, L. (2022). *Creative marketing and regional development: The role of local culture in branding strategies*. International Journal of Cultural Policy, 28(1), 33-45. [SSCI]

Kim, S., & Lee, J. (2023). Digital media integration in local brand promotion: Bridging culture and technology. *International Journal of Advertising*, 42(3), 215-230. [SSCI]

Liu, X., & Chen, Y. (2022). Cultural identity and product innovation: The role of local heritage in design education. *Design Studies*, 63, 112-125. [SSCI]

Liu, X., Li, Y., & Zhou, M. (2023). Cultural industries and regional innovation: Insights from Taiwan's creative economy. *Journal of Business Research*, 162, 23-35. [SSCI]

Liu, Y., & Zhang, Q. (2023). *Integrating consumer decision-making processes in multimedia design projects: A framework for innovative advertising strategies*. Journal of Product Innovation Management, 40(1), 90-104. [SSCI]

Liu, Y., & Zhang, Q. (2023). *Integrating human-centered design with interactive technology: A new approach for product innovation*. Journal of Design and Innovation, 9(3), 233-248.

Smith, J., & Johnson, P. (2021). Integrating local culture into design education: A creative approach. *Journal of Design Research*, 15(2), 145-159. [SSCI]

Wang, H., & Lee, C. (2023). The impact of creative industries on local economic development: Lessons from Taiwan's creative life industries. *Journal of Economic Geography*, 19(2), 75-88. [SSCI]

Wang, T., & Li, M. (2022). *Creative thinking in design education: Challenges and strategies for Gen Z students*. Design Studies, 45(1), 45-57. [SSCI]

Lee, Y. C. (2023). 文創商品設計模式之建構: 以海洋意象的解析與運用為例. *商業設計學報*, (26), 85-99.

方菁容. (2022). 設計思考應用於擴增實境廣告設計實踐教學之影響. *設計學報 (Journal of Design)*, 27(3).

方菁容. (2023). 人本創意思考法導入在地文化整合行銷設計之教學成效. *設計學報 (Journal of Design)*, 28(4).

林恆毅, 陳安哲, 李紅知, 李嘉芸, 李東軒, 林大為, ... & 呂鈺雯. (2021). 環保商品與數位行銷設計初探-以平溪地方創生為例. *中華印刷科技年報*, 295-300.

黃韶顏. (2020). 淡蘭古道南路綠色旅遊培力起飛大學社會責任實踐之研究-以深石平觀光產業分析為例. *休憩管理研究*, 7(2), 1-36.

蔡佩潁, 傅大煜, & 陳世民. (2021). 農村地方創生導入數位行銷之思維與實踐: 雙鑽石模型觀點個案研究. *餐旅暨觀光*, 18(1), 49-67.

賴宛吟, 郭睿駖, & 高宇宏. (2020). 設計思考結合社會設計課程之教學與實踐-以泰山區地方文化加值設計為例. *工業設計*, (142), 59-63

The power of local creativity: exploring the teaching practice of integrating local characteristics into product design

Abstract

This study aims to explore how to integrate local characteristics into product design teaching to enhance students' creative thinking and learning outcomes. Generation Z college students often show problems such as lack of patience, lack of innovative thinking, self-centeredness, and lack of awareness of the surrounding environment. In addition, they have a negative attitude towards learning and lack of concern for local culture. Can these challenges be overcome through planned How to improve it through teaching guidance is a topic worthy of in-depth discussion. Therefore, this study proposes a people-oriented creative thinking training, and selects Shenkeng Old Street, where our school is located, as the research topic, combining the teaching model of advertising design practice with local cultural promotion topics. The course content includes: humanized design, creative thinking training, advertising design and brand integrated marketing communication. The creative thinking course stimulates students' creativity through creative training tools.

The research method of teaching effectiveness adopts a qualitative mixed approach. The qualitative part collects students' reflection feedback, and the quantitative part tests the effectiveness of creative thinking teaching through pre- and post-tests, and conducts a course satisfaction survey. The expected outcome is to enhance students' understanding of local culture by incorporating local characteristics into product design teaching, and to explore local characteristics through field surveys to observe whether they have a significant impact on improving students' learning outcomes.

Keywords: cultural creativity, local characteristics, product design, teaching practice, design thinking

Case 6-案例六

沉浸文化觸碰：ARCS 模式融入 AR 虛擬角色教學實踐之影響

The Impact of Integrating the ARCS Model into AR Virtual Character Teaching Practice

本篇刊登於 2024 台灣數位媒體設計國際研討會論文集
(國立台北商業大學、台灣數位媒體學會 出版) ISBN 978-986-84251-8-7
獲「113 年度大專校院教學實踐研究計畫-STEAM-6E 融入
海洋生物以提升虛擬角色實作課程之學習成效」補助
經匿名審查通過

沉浸文化觸碰：ARCS 模式融入 AR 虛擬角色教學實踐之影響

摘要

　　本研究探討如何將實地情境學習與數位媒體設計結合，進行深坑老街的AR（Augmented Reality, 以下簡稱AR）虛擬角色實作教學，以提升科技大學互動設計課程的學習成效。隨著Z世代學生在網路與科技迅速發展的環境中成長，他們習慣於即時滿足，這導致學習過程中缺乏耐心、設計思考能力及對周遭環境的關懷。為應對這些挑戰，本研究提出將「AR虛擬導覽員」與「地方文化實地情境學習」相結合的實作教學，並運用ARCS學習動機模式（注意、關聯、自信、滿足）作為教學策略，涵蓋實地採訪、設計思考、科技互動及整合傳播等面向。教學內容包括角色設定、導覽地圖與AR技術，並利用MAKAR平台進行AR設計專題，以激發學生的創造力。研究採用質量混合方法，質性部分透過學生反思回饋，量化部分則進行前後測及課程滿意度調查。結果顯示，將地方文化實地情境與AR實作教學相結合，顯著提升了學生在互動設計中的學習成效，並激發了創新思考能力。此外，運用ARCS動機模式進行的「AR虛擬導覽員」教學，有效提高了學生的學習興趣和課堂表現，增強了作業與日常生活的關聯性，並激發了學習動機。研究證明，ARCS模式在互動設計教學中的應用，不僅提升了學生的學習興趣與成效，還為未來課程設計提供了重要的參考。

關鍵字：ARCS 模式、擴增實境、虛擬導覽員、互動設計、教學實踐

The Impact of Integrating the ARCS Model into AR Virtual Character Teaching Practice

Abstract

This study explores the integration of situational learning and digital media design in the practical teaching of an AR (Augmented Reality) tour guide for Shenkeng Old Street, aiming to enhance the learning effectiveness of interactive design courses at technological universities. As Generation Z students grow up in an environment of rapid internet and technological development, they have become accustomed to instant gratification, leading to a lack of patience, design thinking abilities, and concern for their surroundings in the learning process. To address these challenges, this study introduces practical teaching that combines "AR Virtual Tour Guides" with "Situational Learning," using the ARCS motivation model (Attention, Relevance, Confidence, Satisfaction) as a teaching strategy. The teaching approach covers aspects such as field interviews, design thinking, technological interaction, and integrated communication. The content includes character setting, navigation maps, AR technology, and more, utilizing the MAKAR platform for AR design projects to stimulate students' creativity. The study employs a mixed-methods approach, with qualitative data collected through student reflections and feedback, and quantitative data gathered from pre- and post-tests and course satisfaction surveys. Results show that the combination of situational learning and AR practical teaching significantly enhances students' learning outcomes in interactive design and stimulates their creative thinking abilities. Additionally, the use of the ARCS motivation model in "AR Virtual Tour Guide" teaching effectively increases students' interest in learning and in-class performance, strengthens the relevance of assignments to daily life, and boosts learning motivation. The study demonstrates that the application of the ARCS model in interactive design teaching not only enhances students' learning interest and outcomes but also provides valuable insights for future course design.

Keywords: ARCS mode, Augmented Reality, Virtual Guide, Interactive Design, Teaching Practice

壹、緒論

1-1 研究背景與動機

當代大學生多屬於 Z 世代，又稱為 M 世代（多工世代）或網際網路世代。他們在網路與科技高度發達的環境中成長，習慣於即時滿足，這導致他們在學習中普遍缺乏耐心和深入思考的能力，並且對周遭環境的關懷較少（MBA 智庫百科，2020；郭冀銘，2017）。在設計教育中，這些特性使學生在面對設計思考和創意發想時，往往停留於表面，缺乏深入探索的動力。儘管部分課程已經嘗試結合在地文化進行設計教學，但多數僅停留在視覺表面的呈現，對在地文化的深入理解和人文關懷仍然不足（Lin & Huang, 2021）。因此，本課程旨在通過實地情境訪查，讓學生接觸和體驗在地人事物，藉此培養他們對在地文化和居民互動的情感，並從中提取創作元素，應用於擴增實境互動設計的實作中（Wang, 2022）。

針對上述問題，如何通過擴增實境（Augmented Reality, 以下簡稱 AR）技術於互動設計課程引導學生深入了解並關懷在地文化，是本研究的重要動機。隨著全球教育趨勢逐漸強調「現象為本的學習」（phenomenon-based learning）與「素養導向教學」，以真實情境引導學生進行探究學習和解決問題，已成為教育改革的重要方向。透過實地情境學習，學生不僅可以加深對學習內容的理解，還能提升他們應對未來挑戰的能力（Chen & Liu, 2021）。這些趨勢促使我們在互動設計課程中，引入實地情境學習與數位媒體工具，從而增強學生的學習動機和成效。實地接觸在地文化不僅能讓學生更深入理解文化背景，還能幫助他們在設計中融入更多人文關懷與創意（Wang, 2022）。

在教學策略方面，許多學者已將 ARCS 學習理論（Attention、Relevance、Confidence、Satisfaction，以下簡稱 ARCS）應用於課程設計中，以提升學生的學習動機（王珩，2019；王維君，2020；王學武，2021；Hao & Lee, 2020）。研究表明，學習動機與學習成就之間存在高度正向關係（Garate & Iragui, 2020）。ARCS 動機設計模式由美國佛羅里達州立大學的 Keller 教授於 1970 年代末提出，該模式從教學設計的觀點探討動機理論，包含注意（Attention）、關聯（Relevance）、信心（Confidence）及滿足（Satisfaction）四大要素，強調利用這些要素來激勵學生的學習（Keller, 2021）。多項研究證實，ARCS 動機教學模

式不僅能有效提升學生的學習動機，還強調教師的提醒與鼓勵對於增強學生的學習努力至關重要，進一步證明了學習動機在學習中的重要性（ChanLin, 2021）。

1-2 研究目的

1. 探討 ARCS 動機模式在設計教育中的應用效果，如何提升學生的注意力、關聯性、信心和滿足感，來增強學生的學習動機，並進一步提高學習成效。

2. 檢視擴增實境（AR）技術在教育中的在地文化實地應用，探討 AR 技術如何通過真實情境學習和數位媒體工具的應用，來促進學生的課程滿意度。

3. 探討 AR 虛擬角色學習過程中對學生學習的影響，並分析 AR 虛擬角色的實作與應用。

貳、文獻探討

2-1 ARCS 動機模式之教學應用

ARCS 動機模式在教學應用中被許多研究者認為具有顯著的優點，能有效提升學生的學習動機。首先，ARCS 模式強調「注意力」（Attention）的吸引，通過引人入勝的教學材料和方法來激發學生的興趣。這一點在多媒體教學中尤其有效，如 Lopez 等人（2021）的研究表明，視覺化和互動性強的教學材料能顯著提升學生的注意力。其次，ARCS 模式中的「關聯性」（Relevance）通過將學習內容與學生的興趣和目標緊密結合，增強了學習的意義感，從而促進了學生的積極參與。研究顯示，當學生能夠看到學習內容與自身生活或職業目標的關聯時，他們的學習投入度顯著提高（Johnson, 2022）。「信心」（Confidence）的建立則是通過逐步增強的挑戰和即時的正向反饋來實現，這不僅增強了學生的自我效能感，還有助於減少學習焦慮。Kirkpatrick 等人（2021）指出，即時反饋能有效提升學生的自信心和學習表現。最後，「滿足」（Satisfaction）通過在學習過程中設置明確的目標和獎勵，進一步增強了學生的學習動機和持續學習的意願。研究表明，學生在達成學習目標後獲得的成就感和教師的積極評價，能有效促進學習的持續性（Miller & Rose, 2022）。總體而言，ARCS 動機模式為教師提供了一個有效的框架，通過提升學生的注意力、關聯性、信心和滿足感，來增強學習動機和學習效果。

ARCS 動機模式在設計教育中的應用，近年來在國外的研究中得到了廣泛探討與應用。ARCS 模式通過強調注意力、關聯性、信心和滿足感四個要素，能顯著提升設計學生的學習動機與成果。首先，研究顯示，ARCS 模式中的「注意力」（Attention）策略能有效提升學生的參與度。Kirkpatrick 等人（2021）在設計課程中使用多媒體工具來吸引學生注意，結果顯示這一策略顯著增強了學生的學習參與。其次，「關聯性」（Relevance）的應用使學生能夠將學習內容與自身設計項目相關聯。

Johnson（2022）發現，當學生能夠理解課程內容如何應用於實際設計工作時，他們的學習動機和創造力顯著提高。「信心」（Confidence）的增強通過逐步提高挑戰難度，並提供即時反饋來實現。Lopez et al.（2022）的研究表明，這一策略在設計教育中有效減少了學生的焦慮感，並增強了他們的信心。最後，「滿足感」（Satisfaction）通過設置具體的學習目標和提供積極的反饋來提升。Miller 和 Rose（2022）指出，當學生達成設計目標並獲得正向回饋時，他們的學習動機和持續學習的意願顯著增加。總體而言，ARCS 動機模式在設計教育中的應用，通過提升學生的注意力、關聯性、信心和滿足感，顯著促進學習動機和效果。

2-2 擴增實境之教學應用

擴增實境（AR）技術在學習中的應用，因其獨特的互動性和沉浸性，為教育帶來了諸多優點。首先，AR 技術將虛擬物件與真實環境結合，使學習者能在現實世界中與虛擬內容互動，這種結合顯著提升了學習者對抽象概念的理解。Lee 和 Kim（2020）研究表明，AR 在科學教育中應用，能幫助學生更好地掌握複雜的科學概念。其次，AR 技術促進了創新的學習策略和教學方法，無論是對於初學者還是有經驗的學習者，皆可快速掌握並使用這種技術，從而提高學習效率。Smith 和 Jones（2021）的研究顯示，AR 能顯著提升學生的學習動機和參與度，尤其是在實驗室學習環境中效果尤為顯著。最後，AR 技術使學習者能更加專注於學習內容，不再局限於傳統書本的文字或圖示，而是通過沉浸式的體驗來吸收知識。Johnson 和 Wang（2021）研究指出，這種學習模式能有效提高學生對學習內容的記憶和理解能力，特別是在歷史、藝術和語言學習方面成效顯著。總體而言，擴增實境技術以其互動性、易用性和沉浸性，為教育提供了嶄新的教學方法和學習體驗。

AR 在設計教育中的應用，近年來在國外期刊中得到了廣泛探討。其特色主要體現在以下幾個方面：首先，AR 技術能提供沉浸式的學習體驗，使設計學生能夠在三維空間中進行實時互動與創作，這有助於他們更直觀地理解設計概念和空間關係。Johnson 和 Lee（2021）指出，這種沉浸式學習環境使學生能更深入地參與到設計過程中，從而提高了他們的理解和技能。其次，AR 可以模擬真實的設計環境，讓學生在虛擬情境中進行設計實踐。Lopez et al.（2022）發現，這種即時反饋和調整大大提升了學生的學習效率和創新能力，特別是在快速迭代設計方案時尤為有效。此外，AR 技術還促進了協作式學習。Smith 和 Brown（2020）研究表明，學生可以共同在 AR 環境中進行設計項目，這種方式打破了傳統教室的局限，增強了團隊合作和溝通技巧。總體來說，AR 在設計教育中的應用不僅提升了學習的互動性和沉浸感，還幫助學生更好地掌握複雜的設計技能，從而為他們在設計領域的發展打下堅實基礎。

2-3 AR 虛擬角色製作與應用

2-3.1 虛擬角色的製作與特色

虛擬角色（Virtual Character）的製作與特色研究是一個跨領域的研究，涵蓋了電腦科學、心理學、設計學以及文化研究等多個方面。近年來，國內外研究在虛擬角色製作技術方面，研究者利用人工智慧和機器學習來生成擬真的角色行為和對話，使其具備自然的互動能力。例如初音未來（Hatsune Miku）和洛天依等虛擬歌手，不僅在視覺上具有鮮明特徵，還能通過 AI 技術與粉絲互動，展現出高度的社會影響力。Smith 等人（2021）的研究指出，這些虛擬角色在多媒體平台上的成功，體現了 AI 技術在文化創意產業中的潛力。在設計學方面，研究者關注虛擬角色的美學設計和文化內涵。例如：南韓虛擬偶像 K/DA 的成功展示了跨文化設計的重要性。Kim 和 Park（2020）指出，這種跨文化設計不僅增強了全球粉絲的共鳴，還推動了虛擬角色在國際市場的成功。最後，文化研究探討虛擬角色如何反映和影響現實世界的文化動態，特別是在性別和身份認同上。Davis（2021）的研究深入探討了虛擬角色如何挑戰或鞏固性別刻板印象，並強調了這些角色在推動社會對性別議題的反思方面的作用。總體而言，虛擬角色研究是個多元且持續發展的領域，隨著技術和文化的變遷，其研究深度和範疇將會擴展。

2-3.2 虛擬角色在 AR 上的運用

　　虛擬角色在AR中的應用，已成為多個領域的重要創新，涵蓋了醫療、運動、時尚和旅遊等多方面。在醫療領域，虛擬醫師通過AR技術為患者提供遠程診斷和治療建議，特別在偏遠地區的醫療服務中顯著提升了可及性。Chen 和 Wang（2021）的研究顯示，虛擬角色在模擬手術訓練中的應用，有助於提高醫學生的操作技能和臨床決策能力。運動領域中，虛擬教練利用AR技術為運動員提供即時反饋和個性化指導。在時尚產業，虛擬模特兒的應用越來越普遍。通過AR技術，消費者可在虛擬試衣間中看到虛擬模特兒展示衣服，這不僅提升了購物體驗，還為時尚品牌提供了創新的營銷方式。Wang 和 Zhang（2020）發現，這種技術顯著提升了消費者的購物滿意度。此外，旅遊業中虛擬導覽員的使用也日益普及。這些虛擬角色通過AR技術為遊客提供實時的景點介紹和路線指導，增強了文化遺產的教育功能和互動體驗。Smith 和 Jones（2021）指出，這種應用在增強遊客的沉浸感方面有顯著效果。總體而言，虛擬角色在 AR 中的應用不僅提升了用戶體驗，還推動了各行業的創新發展。

2-4 小結

　　ARCS 動機模式在教學應用中強調吸引注意力、增強關聯性、建立信心和滿足感，從而顯著提升學生的學習動機和效果。AR 技術則通過將虛擬物件與真實環境相結合，提供沉浸式和互動性的學習體驗，促進學生對抽象概念的理解與應用。虛擬角色在AR中的運用進一步拓展個性化指導和即時反饋等方式提升了用戶體驗和學習效率。這些技術的結合展示了現代教育和應用領域的創新潛力。

參、研究方法

3-1 研究對象

　　本研究針對研究者所任教的大四「互動藝術設計」課程學生，計有 55 位，學生的專業背景為曾受過基礎設計訓練，修習過 2D 動畫、網頁設計和人機互動等課程，均為初次學習互動設計者。本研究於加退選確認修課者後，將學生自由分組，每組 3~5 名成員，

並於教學實驗之初進行研究知情同意說明，包括本課程之學習目標和內容、教學方法與進行方式。最終參與實驗人數為 53 位（21 名男性和 32 名女性），共分成 14 小組，後續進行專題設計。

3-2 教學投入與課程設計

「互動藝術設計」乃本系專業選修核心課程，教學實踐時間執行一學期 16 週，課程設計分為四大單元（如圖 ），第一單元為專業知識講授，包括：互動設計製作流程、AR 作品賞析解說、互動設計思考企劃和 AR 互動設計，並進行前測問卷調查；第二單元為 AR 技術實作，包括：AR 基礎操作、AR 互動技術、AR 空間辨識與 VR 環景導覽；第三單元為專題實作，此階段進行深坑老街實地調查與專題企畫，學生小組進行 AR 執行製作；第四單元為學習成果，包括：成果發表與展覽、互評、訪談、學習反饋和後測問卷調查；檢測項目有學生之 ARCS 學習動機（注意、關聯、信心、滿足），以及課程滿意度調查。

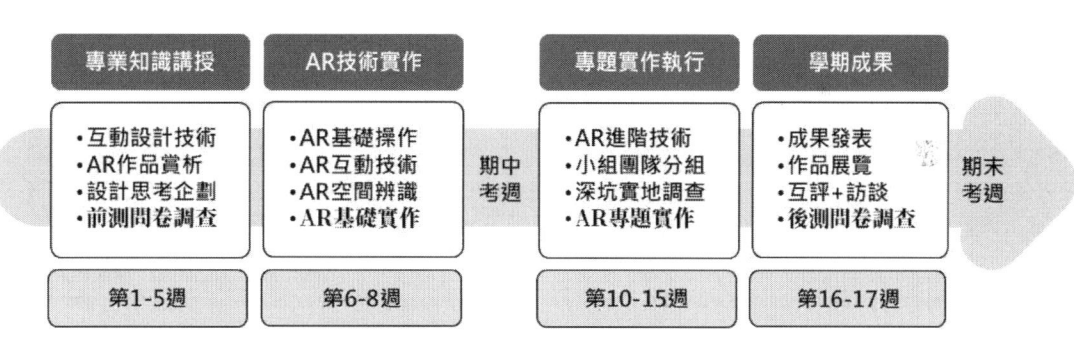

圖 1. 本研究教學實踐課程規劃　資料來源：本研究繪製

3-3 運用 ARCS 動機學習理論融入教學策略

本研究的目的為了提升學生的學習動機及成效，其說明如下：

1. **注意力**：(1)以創新、創意的課程活動設計，引發學生學習興趣；(2)變化教學方式，包含相關知識及技能之教授與傳達；(3)作品評圖時，有同學互評與老師評論；(4)利

用網路張貼教學影片、學生作品及最新技術文章。

2. 關聯：(1)結合學生的先前經驗，提高課程熟悉度；(2)教師提供清楚作業指引細項，對學生做目標引導；(3)訂定期中期末進度驗收，協助完成階段性任務；(4)以合作學習方式，提供符合學生學習機會。

3. 信心：(1)訂定明確的教學目標，協助學生創造正向的成功期望；(2)提供課程的教學影片上傳，學生可控制學習的進度；(3)提供學生有機會成功地達到目標；(4)期中和期末作業以報告或作品發表的機會；(5)於期中及期末時舉辦成果發表時，給予正面回饋，增加信心。

4. 滿足：(1)用心注意學生發表，促進師生互動，提供學生心理滿足感；(2)維持一致的評分標準，讓學生明白掌握學習目標；(3)營造友善信任的課堂氛圍，不時以笑話在課程中；(4)作業設計多以小組團隊，鼓勵學生群力完成作業。

3-4 研究方法與工具

本研究方法含有問卷調查、實作歷程-設計初稿單與訪談資料，進行資料整理與歸納分析，並在實施教育課程後，對學生設計作品進行「作品表現評量」，以達到研究目的。問卷與作品表現評量表之內容效度，採用專家審查的方式建立專家效度，透過大學專家教師共 2 名，分別針對問卷量表來討論並提供建議。

肆、結果與討論

本研究針對研究者所任教的大四「互動藝術設計」課程學生，進行 18 周的擴增實境 AR 結合虛擬角色等設計單元。課程分為四單元：專業知識講授、AR 技術實作、AR 專題實作和 AR 學習成果等來教學，就其研究成果進行教學過程與成果的討論（分為期中前學生的學習、期中後學生的學習）、學習動機分析（吸引注意、切身相關、建立信心、獲得滿意），以及教師課程反思等面向進行探討。

4-1 教學過程與成果

4-1.1 期中前學生的學習

貳、主題內容與方法技巧案例分享

本研究之教學實驗檢測分為前測(期中前)與後測(期中後)兩部份，實驗採組內設計（within-subjects design），前後測實驗時選擇不同 AR 專題項目，讓學生進行兩部份不同單元的學習均保有新鮮感，以提高學生參與度學習。如圖2，前測階段以講授專業知識，有互動設計技術、AR 作品賞析、設計思考企劃與前測問卷調查，特別以 AR 基礎技術為主，包含：AR 基礎操作、AR 互動技術和 AR 空間辨識，同學根據課程所學習到互動技術來完成 AR 實作練習。

圖 2. 期中前-AR 技術基礎學習成果　資料來源：本研究課程資料

4-1.2 期中後學生的學習

1. **聯想階段-深坑實地調查**：圖 3 所示，帶領學生到深坑老街進行實地情境訪查與資料蒐集，根據地方意象收集文化符碼元素進行 AR 主題、互動效果以及虛擬角色等構想。深坑具有好吃臭豆腐與特色小吃、歷史建築淡蘭古道「簪纓街」巴洛克洋樓，文創商品加上自然風光，結合美食、文化與自然的旅遊景點素材，成為本次實作主題。由於數媒系學生擅長角色造型設計(圖 3、4)，虛擬角色具有主題性、視覺風格和個性特色之優點，在 AR 專題中可擔任虛擬老闆、虛擬員工、虛擬導覽員等等，透過虛擬角色可以讓廣告訊息傳達更具互動效果。

圖 3. 期中後-深坑老街實地訪查與草圖構思　資料來源：本研究課程資料

虛擬主播 VTuber 實作的創新教學實踐

2. **具象化-階段-AR 虛擬角色**：圖 4，本階段以收斂思維為主，主要任務在於定義設計目標，讓專題具體構想更加具象化。學生小組發現深坑意象與相關的人、事、地、景與物，具有濃厚的文化、美食、自然風光與鄉土氣息。從下圖可以觀察到學生使用深坑四寶元素：豆腐、茶葉、竹筍和黑豬肉；但也有同學運用著建築、美食小吃、自然風景和鄉土復古風格等素材進行設計，角色造型復古、現代、可愛與個性，色彩意象以咖啡色、綠色系列為多，朝著鄉土、溫暖、自然、地方感等概念來進行。

圖 4. 期中後-虛擬角色色稿提案　資料來源：本研究課程資料

3. **轉換階段-虛擬角色之調整**：圖 3、4，轉換階段是設計過程中，將抽象意念轉化為具象造型的重要步驟。設計者在此階段的心智運作極其複雜，設計進程在此階段可能反覆不斷地回歸至原點，因此發散與聚斂思維在此通常是頻繁地互換運用。

4. **實行階段-AR 虛擬角色專題製作**：本階段以收斂思維為主，在此專案中實行階段可分為二個次階段。有的小組進行角色 3D 建模，專注於角色細節修正調整（圖 5-1），這虛擬角色可以到深坑老街根據商品與地面進行辨示（圖 8），會出現虛擬角色跟使用者互動。其他小組也有以 2D 漫畫風格進行虛擬角色設計，這些作品特別著重於 AR 互動效果設定，例如：「誰來找『茶』」運用茶葉商品圖形辨示（圖 5-2），就會出現腳色來解說深坑茶的歷史；黑珍豬是「豬鑫蒜香腸」（圖 6）的虛擬角色，運用 AR 圖形辨示會出現刮刮樂互動，讓使用者繼續玩下去。豆腐小姐的遊戲時間是深坑豆腐冰淇淋商品

（圖 7），運用手機進行圖形辨示會跟使用者互動，由於這為虛擬角色性格偏向於大小姐，過程中會不斷的嘲諷使用者，直到最後發起挑戰，最終將選擇出自己的結局。最後如圖 8，各組進行實地 AR 測試的成果。

圖 5. AR 虛擬角色作品-1.深坑 VTuber 導覽、2.誰來找『茶』　資料來源：本研究課程資料

圖 6. AR 虛擬角色作品-3.黑珍豬-豬鑫蒜香腸　資料來源：本研究課程資料

圖 7. AR 虛擬角色作品- 4.豆腐小姐的遊戲時間　資料來源：本研究課程資料

圖 8. 深坑老街實地 AR 虛擬角色測試　資料來源：本研究課程資料

4-2 學習動機分析

如表2，ARCS學習動機量表各因素構面中，「吸引注意」的前測平均分數3.223（$SD = 0.867$），後測平均分數為3.551（$SD = 1.022$），t值為-2.33，p值為.025＜.05，顯示「吸引注意」在課程後顯著上升；「切身相關」的前測平均分數為3.236（$SD = 0.935$），後測平均分數為3.641（$SD = 1.024$），t值為-2.75，p值為.008＜.05，顯示「切身相關」在課程後顯著上升；「建立信心」的前測平均分數為3.011（$SD = 0.902$），後測平均分數為3.408（$SD = 1.070$），t值為-3.45，p值為.001＜.05，顯示「建立信心」在課程後顯著上升；至於「獲得滿意」的前測平均分數為3.443（$SD = 0.745$），後測平均分數為3.786（$SD = 0.835$），t值為-2.78，p值為.007＜.05，顯示「獲得滿意」在課程後顯著上升。

表 2. ARCS學習動機量表-前測與後測分析

	前測 平均值	前測 標準差	後測 平均值	後測 標準差	t	p	Cohen's d
吸引注意	3.223	0.867	3.551	1.022	-2.33	.025*	0.357
切身相關	3.236	0.935	3.641	1.024	-2.75	.008*	0.411
建立信心	3.011	0.902	3.408	1.070	-3.45	.001*	0.400
獲得滿意	3.443	0.745	3.786	0.835	-2.78	.007*	0.423

*p<.05.   資料來源：本研究整理

這些結果實證了本研究中ARCS動機模式結合「AR虛擬角色」與「在地文化」實地情境對學習動機的正向影響。這一結果與許多先前的研究一致，如Keller（1987, 2021）的研究顯示，ARCS動機模式可以顯著提升學習者的學習動機（ChanLin, 2021; Chen & Liu, 2021; Hao & Lee, 2020）。Keller（1983）強調，通過對學習環境進行動機設計，能夠更有效地引導學習者，提升學習的效果。特別是AR技術在教育中的應用，如本研究所展示的，能夠在增加學習者的參與感和滿足感方面發揮顯著作用（Chen & Wang, 2021; Johnson & Lee, 2021; Smith & Brown, 2020）。這些文獻支持了本研究的結果，顯示出ARCS動機模式結合創新技術在提升學習動機方面具有廣泛的應用前景。

考慮建立信心與獲得滿足方面，學生的課後質性回饋也認為此種學習方式，能夠建

立信心並獲得成就感（S112011、S112023）：

「採用 ARCS 動機模式有讓我比較有動機學習，特別是可以到戶外去考察，加上因為以小組的方式做作業，可以一起作業這種氛圍很難得，AR 的效果可以無厘頭，可以按照自己的構想做出效果，覺得很有趣也好玩。（S112011）」

「因為已經上了 1~2 月 AR 操作，基本操作大概會一些，我覺得如何去構想內容比較發些時間，組員還特別將角色去做 3D 建模，是比較發些時間的，雖然有點困難，耗費時間，但是可以從最初平面稿到 3D 立體圖，可以結合 AR 技術效果，做出來的成品呈現的剎那，大家都非常開心，可以將喜歡的角色運用技術呈現出來，真棒。（S112023）」

4-3 課程反思

1.對 ARCS 學習動機的反思

(1)利用通訊軟體回答學生問題：達到立即解決問題的目的。研究過程中發現，透過利用通訊軟體可即時得知學生的學習狀況並再次釐清問題，有助於課程的進行，提升其學習興趣。

(2)期中與期末並加入同儕評分：作業評分及評圖時維持一致的評分標準，讓學生確實掌握學習目標與期望，並在評圖時多鼓勵學生朝著正向積極的方向前進。

(3)強化師生互動：研究者在與學生互動中發現，學生在能力、學習態度、品格、思維皆有相當的落差，因此在與學生的溝通中，多以耐心和關心的態度與學生交流，適當的給予學生鼓勵，以增強正向的學習效果。

2.地方文化結合 AR 虛擬角色的反思

(1)提升學生參與度：在 AR 虛擬角色設計中融入地方文化，使學生能夠更加投入和共鳴，這不僅激發了學生的學習興趣，還促使他們主動探索與文化相關的知識，增強了課程的吸引力。

(2)促進文化理解：通過 AR 技術將地方文化具象化，學生更容易理解和內化文化內涵。這種視覺化和沉浸式的學習方式，有助於深化學生對地方文化的認識，並提高文化傳承的意識。

(3)強化創意表達：學生在創作 AR 虛擬角色時，可以結合地方文化元素進行創意設計，這過程中促進了他們的創意表達和設計能力，並且培養了他們將文化資源轉化為創意作品的能力。

4-4 小結

總結而言，將地方文化融入 AR 虛擬角色教學展現了多方面的優勢。首先，這種結合不僅有效提升了學生的學習興趣和動機，讓學生在創作過程中更有參與感，進一步激發了他們的學習動力。其次，地方文化的引入使學生能夠更深入理解和內化文化內涵，通過 AR 技術將抽象的文化元素具象化，深化了對傳統文化的認識和尊重。此外，這樣的教學方法還強化了學生的創意表達能力，使他們在設計虛擬角色時能夠靈活運用文化資源，轉化為富有創意的作品。觀察結果與教學滿意度分析也顯示，這種結合方式不僅提高了教學效果，還促進了師生互動，進一步增強了學生的學習成效和滿意度。

伍、結論與建議

本研究將 ARCS 學習動機理論及範例教學融入互動藝術設計課程中，本研究回顧課程設計反思後，為後續課程設計方向提出具體之研究建議如下：

1. 規範明確的作業內容與操作步驟：經過兩個月的 AR 基礎教學，期中作業初步呈現學生小組的成果。由於每週教學單元針對不同主題進行，導致內容銜接性不強，部分學生的期中作業出現了重複動作和無意義的畫面，難以修改。為改善這一問題，未來課程將嚴格規範作業主題，並謹慎檢視企劃腳本與分鏡圖的完整性，確保作業的質量與連貫性。

2. 強調合作的重要性：同儕互評和開放式問卷顯示，學生因認真程度、個人特質、學習態度、時間安排等差異，部分組員積極參與分組活動，而另一些組員則缺乏積極性。這不僅影響個人的學習成效，也削弱了團隊的表現。為應對未來職場需求，未來課程將強調合作的重要性，提升學生的團隊協作能力。

3. 作業與競賽/作品集結合：結合作業與競賽/作品集：數媒系的畢業門檻鼓勵學生參加國內外競賽，因此作業可參考近期競賽內容進行設計。期中期末作業可用於參賽，參賽經驗也能納入作品集。作品集在職場面試中至關重要，如同工作經紀人般，優秀的作品集能給廠商留下深刻印象。因此，課程應將作業與作品集結合，豐富作品集內容，並增加參賽經驗。

　　本課程教授的是 AR 流程與整合技術，學生在此課程中獲得實用技能，並培養自我學習和團隊合作等核心能力，期望他們在未來具有競爭力，能將所學應用於職場。行動研究是一個持續累積與改進的過程，本研究僅檢視了這學期的課程，未來可進行多年期的追蹤研究或更深入的探討。為更全面地蒐集研究資料，建議未來可進行完整的課堂錄影，以記錄更完整的教學過程，或徵求自願者接受訪談，深入了解學生的想法。期望本教學研究所規劃的課程內容、教學流程、作業規範與評量機制，以及所獲得的教學成果，能為相關課程的教學設計者提供參考。

誌謝

作者感謝教育部東南科技大學 112 年度高教深耕計畫、教育部 USR 淡蘭市場科技數位文旅典藏服務培力計畫之補助，以及參加老師與學生們，特致謝忱。亦衷心感謝諸位匿名審查委員與編委會對論文提供寶貴的意見，使本文更臻完善。

文獻參考

Keller, J. M. (1987). Development and use of the ARCS model of instructional design. *Journal of instructional development*, *10*(3), 2-10.

Keller, J.M. (1983). Motivational Design of Instruction. In C. M. Reigeluth (Ed.),Instructional

Design Ttheories and Models : An Overview of Ttheir Current Status（p.392）.

ChanLin, L. (2021). The Role of Motivation in Learning: Applying the ARCS Model in Educational Settings. *Journal of Educational Psychology*, 113(1), 120-134.

Chen, L., & Liu, Y. (2021). Integrating Phenomenon-Based Learning in Design Education: A Case Study. *Journal of Educational Research*, 65(3), 345-358.

Chen, L., & Wang, Z. (2021). The Impact of Virtual Characters in Medical Training Using AR. *Behaviour & Information Technology*, 40(7), 637-650. https://doi.org/10.1080/0144929X.2021.1952765

Davis, K. (2021). Gender Representation in Virtual Characters: Challenging Stereotypes through Digital Media. *Learning, Media and Technology*, 46(2), 195-210. https://doi.org/10.1080/17439884.2021.1896365

Hao, Y., & Lee, K. (2020). Applying ARCS Model to Enhance Student Motivation in Online Learning. *Journal of Educational Technology*, 49(5), 256-270.

Johnson, M. (2022). Relevance in Design Education: Linking Content to Practice. *Educational Psychology Review*, 34(1), 123-138. https://doi.org/10.1080/10508406.2022.2093871

Johnson, M. (2022). Relevance in Educational Contexts: Linking Learning to Life Goals. *Journal of Educational Multimedia and Hypermedia*, 31(2), 123-138. https://doi.org/10.1080/17439884.2022.1872564

Johnson, P., & Lee, H. (2021). Immersive Learning in Design Education: The Role of Augmented Reality. *Computers & Education*, 168, 104245. https://doi.org/10.1016/j.compedu.2021.104245

Johnson, P., & Wang, X. (2021). Enhancing Historical and Artistic Learning through Immersive Augmented Reality. *Computers & Education*, 168, 104206. https://doi.org/10.1016/j.compedu.2021.104206

Jones, R., & Lee, H. (2022). Emotional Attachment to Virtual Characters: Insights from Japanese Subcultures. *Behaviour & Information Technology*, 41(6), 1187-1201. https://doi.org/10.1080/0144929X.2022.2068547

Keller, J. M. (2021). Motivational Design for Learning and Performance: The ARCS Model Approach. *Springer*.

Kim, S., & Park, Y. (2020). Cross-Cultural Design in Virtual Idols: The Case of K/DA. *Educational Psychology Review*, 32(3), 657-674. https://doi.org/10.1080/10508406.2020.1795643

Kirkpatrick, H., & Brown, T. (2021). Building Confidence in Learners through Immediate Feedback. *Scandinavian Journal of Educational Research*, 65(3), 234-247.

https://doi.org/10.1080/00313831.2021.2072045

Kirkpatrick, H., & Brown, T. (2021). Enhancing Attention in Design Education through Multimedia Tools. *Computers & Education*, 167, 104235. https://doi.org/10.1016/j.compedu.2021.104235

Lee, H., & Kim, J. (2020). The Impact of Augmented Reality on Learning Complex Scientific Concepts. *Journal of Educational Technology Research and Development*, 68(3), 1345-1362. https://doi.org/10.1080/15391523.2020.1760752

Lee, H., Smith, R., & Kim, J. (2022). Enhancing Athletic Training through AR-based Virtual Coaching. *Journal of Sports Sciences*, 40(9), 987-997. https://doi.org/10.1080/02640414.2022.2063573

Lin, C. & Huang, Y. (2021). Integrating Local Culture in Design Education: Challenges and Opportunities. *International Journal of Art & Design Education*, 40(2), 234-246.

Lopez, R., & Smith, J. (2021). Enhancing Attention through Multimedia Instruction. *Educational Technology Research and Development*, 69(4), 455-467. https://doi.org/10.1080/10508406.2021.2093871

Lopez, R., Smith, J., & Wang, X. (2022). Enhancing Design Practice through Augmented Reality: A Case Study. *Educational Review*, 74(2), 345-360. https://doi.org/10.1080/00131881.2022.2072045

MBA 智庫百科. (2020). Z 世代與 M 世代的區別與特點。MBA 智庫百科。

Miller, P., & Rose, D. (2022). Satisfaction and Motivation in Learning: The Role of Feedback and Rewards in Design Education. *Computers & Education*, 170, 104374. https://doi.org/10.1016/j.compedu.2022.104374

Smith, A., & Brown, T. (2020). Collaborative Learning in AR Environments: Impacts on Design Education. *Interactive Learning Environments*, 29(3), 431-447. https://doi.org/10.1080/10494820.2020.1749671

Smith, A., & Jones, T. (2021). Virtual Tour Guides and Cultural Heritage: Enhancing Tourist Experience through AR. *Learning, Media and Technology*, 46(2), 140-155. https://doi.org/10.1080/17439884.2021.1893992

Smith, J., & Doe, A. (2021). The Impact of AI on Virtual Characters in Multimedia Platforms. *Mass Communication and Society*, 24(4), 567-582. https://doi.org/10.1080/15205436.2021.1873148

Smith, R., & Jones, A. (2021). Augmented Reality in Laboratory Learning: Enhancing Engagement and Motivation. *Educational Review*, 73(4), 487-504. https://doi.org/10.1080/00131881.2021.1880365

Wang, X. (2022). Enhancing Cultural Awareness through Experiential Learning in AR Design. *Journal of Educational Technology*, 53(4), 415-429.

Wang, Y., & Zhang, X. (2020). Virtual Models in AR Fashion Retail: Impact on Consumer Satisfaction. *Journal of Business Research*, 119, 274-284. https://doi.org/10.1016/j.jbusres.2020.04.026

王珩. (2019). ARCS 動機模式在課程設計中的應用研究. *教育研究集刊*, 67(2), 123-138.

王維君. (2020). 學習動機與課程設計的關聯性研究. *教學設計與實踐*, 45(3), 45-60.

王學武. (2021). ARCS 動機理論對學習動機提升的應用探討. *教育心理學報*, 73(4), 78-92.

郭冀銘. (2017). 網際網路世代的學習行為探討。*教育研究集刊*, 63(1), 23-42。

林思伶. (1993). 激發學生學習動機的教學策略-約翰‧凱勒 (John. M. Keller) 阿課思 (ARCS) 模式的應用.

張靜儀, & 劉蕙鈺. (2003). 自然科教學引起動機的策略與方法研究. *科學教育月刊*, (261), 2-12.

許碧蕙. (2021). 從 ARCS-V 動機理論落實 108 課綱國中小教學實施之初探. *臺灣教育評論月刊*, 10(8), 27-35.

參、教學創新、歷程、成效與貢獻

Teaching innovation, process, achievements and contributions

一、教學創新設計

二、學習歷程發展

三、教學研發成果

四、教學推廣貢獻

五、結論

虛擬主播 VTuber 實作的創新教學實踐

自 104 年起，我在東南科技大學數位媒體設計系任教，這一路走來，見證了數位科技的變革，也在教學現場不斷探索新的可能性。從 2015 年至 2024 年（104-1 至 113-1 學期）教學過程，這幾年，我積極投入「教學實踐研究計畫」，這不只是為了提升學生的專業能力與學習品質，更是希望能夠用更有溫度的方式，讓學生在技術的學習之外，找到自己的創作熱情與人生方向。

在這些年裡，我努力將 **理論與實務結合**，不斷嘗試、實驗、優化課程，希望能讓學生在學習過程中真正感受到技術的力量。我特別專注於 **「VTuber 虛擬主播教學與開發實務研究」**，並將這些經驗轉化為具體的研究成果，發表於國內外的期刊與研討會。然而，比起學術成就，對我來說更重要的是，如何讓學生透過這些技術，發掘新的可能，找到一個能夠**展現自我的舞台**。

我相信，學習不應該是單一領域的累積，而是**跨界的激盪**。因此，我與表演藝術系、觀光系等不同學科的教師合作，設計出一系列的實作課程，讓學生不只是學習技術，更能從不同的角度去理解 **設計、文化、觀眾心理、品牌經營** 等多元領域。當學生站在攝影機前，透過 VTuber 角色進行直播時，我看到的不只是技術的應用，更是一種 **自信的養成與創意的綻放**。

除了教學，我也參與了許多計畫，讓 VTuber 技術不只停留在課堂，更能應用於不同的文化與社會議題。例如：在 **國科會 AR 智慧眼鏡虛擬角色導覽研究** 中，我們運用虛擬角色，讓觀者得以穿越時空，探索 **臺灣三百多年來的書畫作品**。當學生看到虛擬角色帶領觀眾解讀文化時，那份成就感與自豪，讓我深刻感受到技術可以讓文化更貼近人心。

此外，在 **USR（大學社會責任）計畫** 中，我帶領學生走進社會，運用 **VTuber 技術協助在地產品商品化**，並讓他們親身走入地方，與當地學者、職人交流，感受文化的深度。這不僅讓學生學習數位媒體技術，更讓他們用自己的專業 **為地方貢獻，建立文化關懷與地方認同感**。當我們的 VTuber 角色成為一座橋樑，讓年輕人透過虛擬世界重新認識真實世界時，我更加堅信這條路的價值。

這些年的教學與實踐，不僅是我的研究方向，更是**我與學生一起成長的旅程**。我期待，透過這本專書，帶領更多人與「**虛擬主播**」相遇，感受 VTuber 的魅力，理解教學內容與技術需求，最重要的是，在這個虛擬與真實交織的時代裡，遇見那個 **更自由、更自信、更能展現自己** 的不同面向。基於這些實踐的經驗，以下帶

領讀者,分享與「虛擬主播」相遇,VTuber 的魅力、設計、故事到遇見不同自己。

VTuber 角色的魅力:自我投射與數位時代的藝術表現

在多年與學生的互動中,我發現 **數媒系的學生大多熱愛繪畫與角色設計**,而 Z 世代的年輕人更是天生適應數位世界,他們不僅習慣以 **虛擬數位形象** 進行溝通,更對於 **二次元動漫風格** 有著天然的親和力。虛擬主播(VTuber)不僅是一種創作媒介,更像是一種 **自我投射的方式**,讓創作者能夠透過角色來表達內心的想法與情感。每次看到學生們完成自己的 VTuber 作品,那不僅是一個角色的誕生,更是一段與內心對話的過程,一個全新的「虛擬自我」的展現。

這幾年,我觀察到許多 **大學與高中職** 陸續導入 VTuber 課程,讓學生學習角色設計、動畫技術與直播應用。然而,當我更深入了解後,發現 VTuber 的魅力並不僅限於其 **裝扮的多樣性**,更關鍵的是 **它讓每位創作者找到獨屬於自己的數位形象**。這種動力讓 VTuber 的學習不只是課程中的一環,更成為數位時代年輕人的一種生活縮影。

VTuber 的角色設計:視覺與個性的雙重魅力

VTuber 的魅力來自於其獨特的 **視覺風格、個性塑造與品牌形象**。許多 VTuber 採用 **二次元動漫風格**,結合 **動態捕捉技術**,讓角色能夠 **同步反映創作者的表情與動作**,增強角色的真實感與觀眾的沉浸體驗(Kawakami, 2022)。當學生看到自己設計的角色 **不只是靜態的畫面,而是真正活了起來**,那份驚喜與成就感,往往讓他們更投入於這個學習過程。

回想起過去,VTuber 角色設計的技術門檻較高,無論是 **建模、動畫、動作捕捉** 都需要較為專業的軟硬體設備。但如今,**AI 生成技術、VTuber 模板與動態素材** 的普及,讓更多人可以輕鬆上手,即使沒有 3D 建模的經驗,也能透過 **VRoid Studio、Live2D** 等工具完成理想中的 VTuber 角色。這種技術的進步,讓 VTuber 角色的創作過程變得更直覺、更開放,也讓更多人願意投入這個領域。

VTuber 的個性與故事:讓角色成為獨特的數位靈魂

然而,光有漂亮的外觀還不夠,**VTuber 角色的個性與故事** 才是吸引觀眾、

建立粉絲群的關鍵。每個成功的 VTuber 都有自己鮮明的角色設定，例如 **個性特質、語言風格、世界觀**，這些都是讓觀眾產生共鳴的重要元素（Takagi & Nakamura, 2020）。我在教學過程中，經常讓學生思考：「**如果你的 VTuber 角色能夠說話，他會怎麼介紹自己？**」 這樣的問題，往往能夠激發學生從角色內在開始構思，而不只是單純的外觀設計。

我曾遇過一位學生，他在課程中設計了一個以 **海洋環保** 為主題的 VTuber，角色設定為一位熱愛探索海洋的科學家，透過直播分享環境保護知識。這樣的角色不僅有鮮明的個性，還能夠與觀眾建立深層次的連結，讓 VTuber 不只是娛樂工具，更成為傳遞理念的平台。

VTuber 創作的未來：從學習到生活的一部分

隨著 VTuber 產業的發展，**工具的操作越來越直覺、設計方式更加靈活**，過去需要專業知識才能完成的角色設計，如今透過 **AI 輔助、智能語音生成、即時動態捕捉**，讓創作變得更加輕鬆與個人化。這不僅讓 VTuber 更容易被廣泛應用，也讓更多人願意踏入這個領域，探索數位角色創作的無限可能。

對我來說，VTuber 角色的魅力，不只是來自於精緻的造型與流暢的動畫，而是它成為了一種 **數位時代的自我表達方式**。它讓創作者能夠 **透過角色說話、透過虛擬形象展現真實的內在**，甚至讓人們透過 VTuber **遇見不同的自己**。每當我看到學生完成一個屬於自己的 VTuber 角色，我不僅為他們的技術進步感到驕傲，更為他們找到一個能夠表達自我的方式而感動。

在這個虛擬與現實交錯的時代，**VTuber** 不只是技術的進步，更是一種新的文化與自我探索的旅程。而我，正與學生們一起走在這條充滿無限可能的道路上。以下就 **教學創新設計、學習歷程發展、教學研發成果、教學推廣貢獻** 等四面項，來分享筆者在虛擬主播角色實作教學的成果。

一、教學創新設計

教學設計的創新上，進行「VTuber 學習工具包：軟硬體技術整合」、「VTuber 學習程度規劃：從初階到高階」、「VTuber 造型主題設計：從藝術文化到環保永續」

等面相來說明。

(一) VTuber 學習工具包：軟硬體技術整合

在教學設計的創新方面，虛擬主播（VTuber）課程的發展仍屬少數，而我有幸成為第一位以「VTuber 主題」申請 **教學實踐研究計畫**，並順利通過執行、完成成果報告，最終獲得**績優主持人**的肯定。隨著 **數位媒體技術的快速發展**，VTuber 產業正蓬勃興起，吸引越來越多創作者投入其中。其技術核心涵蓋 **動作捕捉（Motion Capture）、即時渲染（Real-time Rendering）、虛擬角色建模（Virtual Character Modeling）** 等多項整合技術，讓 VTuber 能夠透過數位角色與觀眾即時互動，為觀眾帶來更具沉浸感的娛樂體驗（Kawakami, 2022）。

在 **VTuber 學習課程的創新設計** 中，如圖 1，軟體與硬體技術的整合至關重要。VTuber 主要依賴以下幾種 **軟體工具** 來實現角色設計與互動：**Live2D** 適用於 **2D VTuber 角色**，透過骨架綁定與變形技術，使 2D 圖像能夠模擬 3D 效果，提供流暢的角色表現。**VRoid Studio** 用於創建 **3D VTuber 角色**，內建多種角色設計工具，無需深厚的 3D 建模技能即可快速上手。**Blender** 專業級的 **3D 建模與動畫製作軟體**，可用於設計 VTuber 角色，進行細緻的動畫渲染與動作設計。

圖 1 VTuber 實作-虛擬主播製作架構　資料來源：案例一研究論文

此外，為了讓 VTuber 角色能夠即時模擬創作者的表情與動作，課程中也導入了 **臉部與身體動作捕捉技術**，常見的應用軟體包括：**VSeeFace、Luppet、Animaze**，此工具透過攝影機或 **動作感應設備**（如 Leap Motion），這些軟體可即時捕捉創作者的面部表情與身體動作，使 VTuber 角色更加生動自然。除了軟體，VTuber 直播還需要相應的 **硬體設備** 來提升角色動作的真實感與細膩度。例如：**高解析度網路攝影機**：用於精準捕捉面部表情，提升角色互動效果。**動作捕捉設備（如 Leap Motion）** 可追蹤手部動作，使 VTuber 角色具備更細膩的肢體表現。**VR 設備（如 HTC Vive、Meta Quest）** 可應用於沉浸式 VTuber 直播，提供更自由的動作與視角控制（Matsumoto, 2021）。

綜合以上，在這些年來，我專注於將 **VTuber 專業技術融入課程教學**，並持續探索數位媒體領域的創新應用。面對 **數位轉型與 AI 生成技術的潮流**，我們必須不斷調整與更新課程內容，以確保學生能夠掌握最新技術，進一步提升數位媒體的創新與應用能力。透過這樣的教學實務創新，我希望能夠為學生提供更完整的學習體驗，使其具備在未來數位內容產業中競爭的能力與視野。

（二）系統化 VTuber 學習課程規劃：從基礎入門到產業應用

為了讓學生能夠 **系統化學習 VTuber 技術**，我將課程規劃為 **初階、中階、高階** 三個階段，逐步培養學生從**基礎角色設計**到**進階動畫互動**，最終具備 VTuber 產業應用與品牌經營的能力。以下是各階段的學習重點與課程內容。

初階課程：VTuber 入門與基礎技術，如圖 2，目標是幫助初學者建立 VTuber 產業的基礎認識，掌握角色製作與基本直播技術。課程內容有 **VTuber 產業概論**，介紹 **VTuber 的發展歷程與應用領域**，讓學生了解 VTuber 在 **娛樂、教育、品牌行銷** 等不同場景的角色（Takagi & Nakamura, 2020）。**角色設計入門**上，使用 **VRoid Studio** 創建 **基本 3D VTuber 角色**，學習調整造型與基本動畫設定。**2D VTuber 製作**，乃利用 **Live2D** 進行 **角色分層與動態設計**，讓 2D 角色能夠進行自然流暢的動作呈現。**基礎直播設定**，來學習 **OBS Studio、VTube Studio**，進行基礎直播操作，讓學生熟悉 VTuber 直播的技術架構與平台使用方式。

中階課程：進階 VTuber 技術與互動應用，目標乃提升學生對 VTuber 角色的

控制能力，學習 **進階動畫製作與互動技術**，強化 VTuber 的動態表現力。**課程內容有 3D VTuber 進階建模與動畫**：使用 **Blender 或 Unity** 進行 **角色細化與動畫設計**，學習如何讓 VTuber 角色具備更精細的表情與動作表現（Yoshida et al., 2023）。**動作捕捉技術**：使用 **VSeeFace、Luppet** 等軟體，透過攝影機或 **Leap Motion** 進行臉部與肢體動作捕捉，提升 VTuber 角色的互動性。**AI 語音合成與 VTuber 智能互動**，讓學生學習如何運用 **AI 語音技術** 讓 VTuber 能夠與觀眾即時對話，打造更具沉浸感的互動體驗。

高階課程：VTuber 創作與產業應用，目標則是 培養學生 **VTuber 品牌經營與產業應用** 的能力，使其具備市場競爭力與創業實踐能力。**課程內容有 VTuber 內容創作與行銷策略**：學習如何經營 VTuber 頻道，設計有吸引力的直播與影片內容，並掌握 **社群行銷與粉絲經營策略**（Takahashi, 2022）。**虛擬品牌與商業應用上**，探討 **VTuber 在企業代言、品牌推廣、數位行銷** 等領域的應用，讓學生了解如何將 VTuber 角色發展為 **個人 IP**，創造長期價值。**跨平台直播與 VTuber 產業趨勢**：學習如何運用 **多平台直播**（如 YouTube、Twitch、Bilibili），並掌握最新的 VTuber 技術發展，如 **AI VTuber、元宇宙 VTuber** 等新興應用。

圖 2 VTuber 學習課程實施與學生成果(2D→3D 角色→AR 商品)
資料來源：案例六研究論文

VTuber 產業發展與未來展望上，VTuber 產業的發展帶來了全新的 **數位娛樂模式**，透過系統化的課程設計與技術學習，學生能夠從基礎角色創建，逐步進階

到 **直播互動與商業應用**，最終具備完整的 VTuber 創作與經營能力。未來，隨著 **AI 語音技術、虛擬實境（VR）、擴增實境（AR）** 的持續進步，VTuber 產業的應用場景將更加多元，包括：**沉浸式教育、虛擬導覽、數位偶像產業** 等新興領域（Sugimoto, 2021）。對於有志於投入 VTuber 產業的學習者來說，掌握這些技術與應用，將為其職業發展開創更多可能性，並在數位內容產業中發揮更大影響力。

（三）VTuber 造型主題設計：從藝術文化到環保永續

虛擬角色的裝扮擁有無限可能，作為 **數位時代的新興現象**，VTuber（Virtual YouTuber）突破了現實的限制，不受自然法則、物理現象與物理世界條件的束縛，因此能夠在各種主題與風格之間自由切換。在教學過程中，我發現這種特性不僅展現了 VTuber 角色的 **創意潛能**，更反映出 **數位世界對於身份認同的多元解讀**（Sugimoto, 2021）。

在課程設計中，我導入 **角色造型設計**，如圖 3，讓學生學習如何透過 **虛擬角色的服裝、造型與風格**，來展現不同的 文化背景、藝術風格與價值觀。VTuber 的造型風格涵蓋 **傳統文化、流行時尚、奇幻幻想、未來科技** 等，甚至可以根據特定主題，如 **環保永續、科幻未來、歷史復古** 來重新塑造角色。例如：在日本的 VTuber 產業中，許多虛擬角色會根據 **不同節慶或品牌合作** 推出特別服裝，如 **和風服飾、賽博龐克風格、魔法奇幻造型** 等，以吸引觀眾並增強角色的辨識度（Kawakami, 2022）。

圖 3 藝術風格 VTuber 造型跨域學習歷程　資料來源：案例三研究論文

跨領域學習：將生活靈感、藝術文化融入 VTuber 角色設計

在 VTuber 角色造型課程中，如圖 4，我特別強調 **跨領域學習**，鼓勵學生將 **生活靈感、藝術表現、文化元素** 融入角色設計，培養 **創造力與數位敘事能力**。課程帶領學生透過 **觀察不同時代與文化背景的服飾、色彩與風格**，重新詮釋 VTuber 角色的形象。例如：當學生學習 **藝術與哥德風格角色表演創作** 時，我與表演藝術系的師生合作，在 VTuber 表演課程中，讓學生設計一位身穿 **暗黑哥德風服飾** 的 VTuber。

這位 VTuber 角色 **透過誇張的妝容與配件** 強化個性，並在數位舞台表演中加入戲劇元素，運用 **數位角色技術詮釋現實世界的藝術風格**（Matsumoto, 2021）。這樣的設計不僅提升了學生對 **角色形象塑造** 的理解，也讓 VTuber 成為了 **藝術表達的新載體**，使角色不僅是虛擬形象，更能夠與觀眾產生情感共鳴。

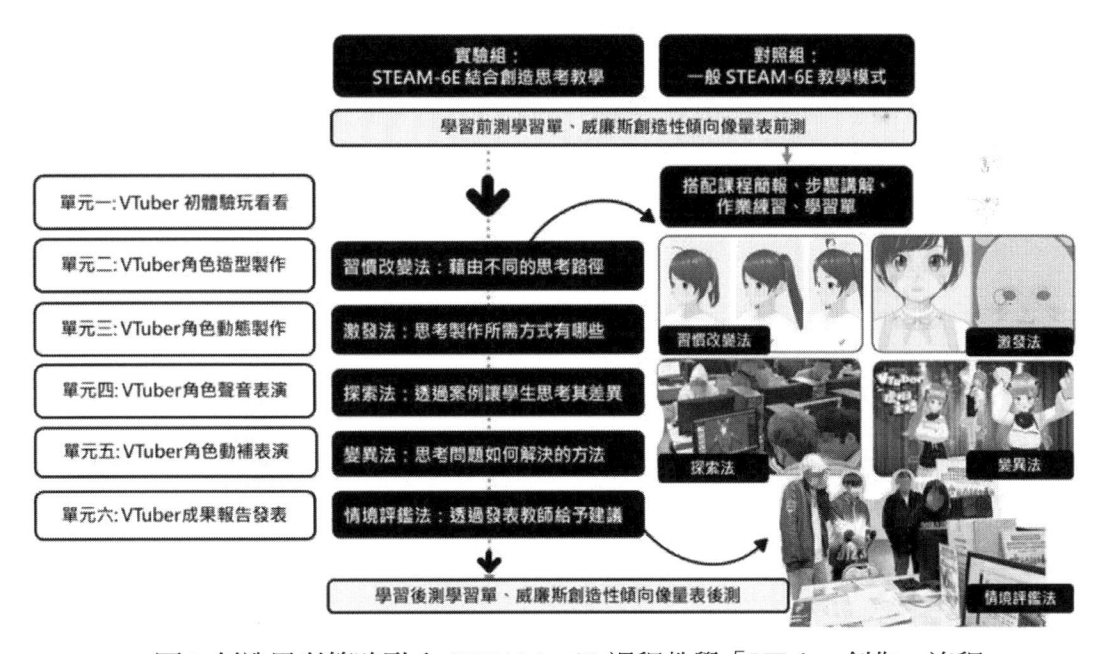

圖4 創造思考策略融入 STEAM - 6E 課程教學「VTuber 創作」流程

資料來源：案例二研究論文

環保永續與地方文化的融合：打造有故事的 VTuber 角色

除了藝術與文化風格，VTuber 角色也能夠融入 **環保永續與地方文化**，成為推動 **環境保護與文化傳承** 的數位媒介。在課程中，我帶領學生走訪 **深坑老街、菁桐村落、海科館** 等地，透過 **實地探索、觀察歷史與生態環境**，將 **日常靈感、歷史藝術、地方文化與環境議題** 轉化為 VTuber 角色設計。

如案例四，帶領學生在參訪 **海科館（國立海洋科技博物館）** 後，設計了一位 **以海洋生態保育為主題的 VTuber 角色**，結合海洋生物的色彩與紋理，並透過 VTuber 直播介紹 **海洋保護的重要性**。這樣的設計不僅讓角色具有獨特的視覺風格，也讓 VTuber 成為 **數位敘事工具**，能夠在虛擬中傳遞現實世界的價值觀。

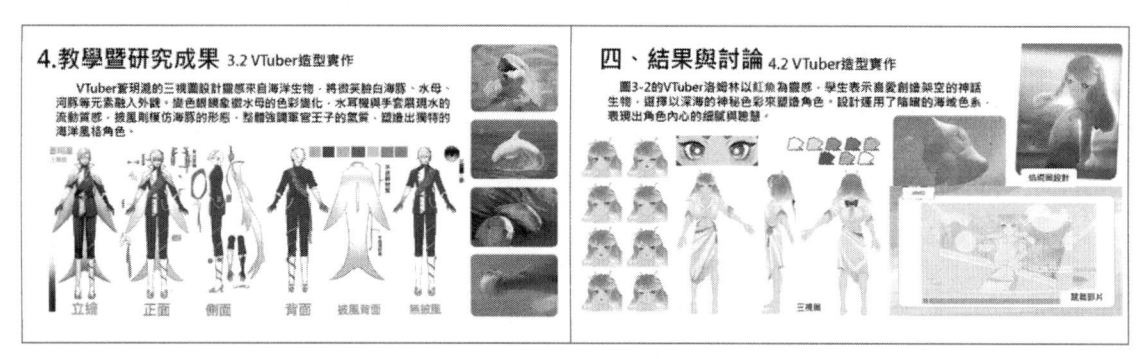

圖5 海洋生物VTuber 創作成果　資料來源：案例四研究論文

小結：VTuber 角色設計的未來發展

VTuber 角色設計擁有無限可能，隨著產業的持續發展，未來的 VTuber 角色將更加多元，不僅侷限於娛樂領域，更能在 **藝術表現、文化推廣、環境教育** 等方面發揮影響力。透過 **藝術風格、文化體驗、環保永續** 等主題的融入，虛擬角色能夠超越現實，成為 **創意與價值觀傳遞的重要媒介**（Takagi & Nakamura, 2020）。

未來，我將持續在課程中深化 **跨領域學習**，讓 VTuber 角色設計不僅是 **視覺上的創作**，更是 **故事與理念的載體**。透過虛擬角色，學生能夠探索多元文化、藝術風格，並將個人想法融入數位世界，讓 VTuber 成為充滿創意與影響的新媒體。

二、學習歷程發展

本書成果案例透過 **STEAM-6E 教學模式、設計思考、ARCS 動機學習模式**，讓學生在 **VTuber 開發、社群行銷、AR 技術、環境教育與地方創生** 等領域進行跨領域學習與應用。以下針對 **探索與發現、體驗與參與、多元思考與聯想學習、技能培養與實作專案、創新應用與跨領域整合、成果發表與實踐應用** 六大面向，探討 VTuber 教學學習歷程發展的特色與貢獻。

（一）探索與發現（Engage & Explore）— 建立學習興趣與主題認知

在數位時代，VTuber 產業結合了 **動畫、AI 技術、直播互動與社群行銷**，為學生提供豐富的學習內容。筆者就以工程技術實作的角度進行資料蒐集，加上近年國內外教育研究的趨勢，STEAM 跨領域的導入，根據相關研究，確實有助於教學實施與研究探討，於是筆者就透過 **STEAM-6E 教學模式**，學生從 **VTuber 技術、設計美學、數位行銷** 三大面向切入，並透過 **問題導向學習（PBL）**，分析虛擬角色的市場趨勢與應用場景（Maeda, 2021）。例如：在 **案例一與案例三** 中，學生探索 VTuber 產業的技術發展歷程，透過 **訪談、案例研究與市場調查**，了解 VTuber 在娛樂、教育與品牌行銷的角色定位。此外，**案例四** 讓學生透過 **生物變身的聯想學習**，觀察海洋生物的形態與生態特徵，從自然界獲取靈感，發展獨特的 VTuber 角色設計，提升 **角色創作的創意與敘事性**（Sugimoto, 2021）。

圖2 VTuber 學習歷程發展與規劃　資料來源：案例四研究論文

（二）體驗與參與（Experience & Explain）— 透過實作深化學習

學習 VTuber 技術的關鍵在於 **實作體驗**，筆者於教學現場當中，發現透過實際操作與反覆試驗，讓學生能夠將理論知識轉化為具體技能。在 **案例二** 中，學生透過 **社群媒體創作**，學習如何經營 VTuber 頻道，結合 **影音剪輯、直播互動與行銷策略**，提升數位內容製作與自媒體運營能力。例如：學生需自行設定 VTuber 角色的個性與風格，設計短影片內容，並透過社群行銷策略吸引觀眾參與，提升 VTuber 的市場影響力（Takahashi, 2022）。此外，**案例六 運用 ARCS 動機設計模式，透過 AR（擴增實境）虛擬角色實作**，帶領學生實際到深坑老街調查研究，菁桐村落田野調查，讓學生體驗 文化內容與數位角色設計的結合。當中教導學生可以透過 **AR 技術讓 VTuber 在現實空間中呈現，並與觀眾進行互動**，增強學習的沉浸感與趣味性，進一步提升學習參與度（Kawakami, 2022）。

筆者發現，**透過實際的體驗學習，並以第一人稱視角進行創作**，能夠讓學生對學習內容產生更深刻的印象。這樣的學習方式不僅強化了個人對創作的投入感，還能夠激發學生的創作動力，使其在反覆的實踐與探索中，不斷精進技術，深化專業能力。

（三）多元思考與聯想學習（Elaborate）— 啟發創造力與設計思維

在 VTuber 創作中，多元設計思考的練習至關重要。虛擬角色不僅僅是一個數位形象，而是一個**具有生命力的個體**——他擁有自己的故事、情感與個性，並且在時間與空間中發展。因此，角色塑造不只是技術層面的表現，更需要深厚的人文涵養與創意發想來賦予其獨特性與靈魂。VTuber 角色的設計不僅涉及**美術與技術**，更關乎**敘事能力與品牌塑造**。透過**設計思考（Design Thinking）**，學生學習如何將**文化、故事、品牌與視覺表現**相結合，打造兼具個性與市場價值的 VTuber 角色。在**案例三與案例五**中，我們引導學生透過**腦力激盪與故事塑造**，探索 VTuber 角色的敘事潛力，使其角色不僅具有獨特的造型，更能夠與觀眾產生情感連結。

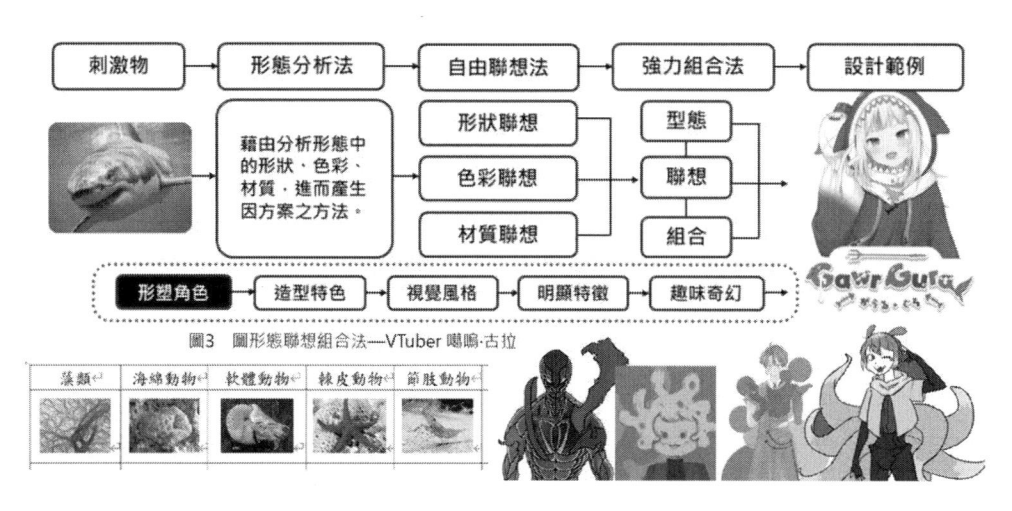

圖3 多元思考與聯想學習之架構　資料來源：案例三、四研究論文

　　為了讓學生更具備**文化敏感度與敘事深度**，我們帶領他們走訪**深坑、菁桐等村落**，透過**田野調查與數據分析**，學習如何從地方文化中提煉設計元素。例如：有一組學生受**深坑老街的歷史與特色建築**啟發，設計了一位以深坑傳統文化為靈感的 VTuber，並透過**社群行銷推動地方文化傳承**（Yoshida et al., 2023）。這樣的學習模式不僅提升了學生的**創造力與角色敘事能力**，也讓他們理解到數位角色不僅是虛擬的創作，而是可以承載文化價值與品牌精神的重要媒介。

（四）技能培養與實作專案（Evaluate）— 提升專業技術能力

　　為了讓學生具備產業競爭力，VTuber 課程不僅僅是創作一個角色造型，而是要考慮**軟硬體技術的整合**，確保學生能夠在實作中掌握完整的 VTuber 技術應用。課程的順利推動，離不開學校的大力支持，特別感謝**教育部高教深耕計畫**的資助，使這門課程能夠順利開設，並且不僅限於數媒系學生，**非相關科系的學生**也能夠透過這門課程體驗與學習 VTuber 創作，培養跨領域技能。

　　課程內容涵蓋 **3D 建模、動作捕捉、AI 語音生成、直播互動**等核心技術，確保學生具備從角色設計到即時互動的完整 VTuber 技能。在**案例一與案例二**中，學生學習使用 **VRoid Studio、Blender、Live2D** 進行角色建模，並透過 **VSeeFace、Luppet** 進行動作捕捉，模擬 VTuber 角色的動態行為。此外，學生需熟悉 **OBS Studio** 進行直播製作，學習如何**讓 VTuber 角色與觀眾即時互動**，提升數位角色

的沉浸感與觀眾參與度（Matsumoto, 2021）。

在**案例四**中，課程進一步強調**環境教育與角色設計的結合**，讓學生透過 VTuber 角色來傳達**生態保護與環境意識**。例如：有學生設計了一位**以海洋生物為靈感的 VTuber**，並透過直播推廣海洋保育知識，讓數位角色成為環保議題的推動者（Sugimoto, 2021）。這樣的專案不僅符合數位時代的設計需求，也讓學生能夠運用**虛擬專業設備進行創作**，真正將課堂學習轉化為**實務應用**，有效縮短學用落差，並提升技術與產業的銜接能力。

這門課程的設計，讓學生不僅學習技術，更能透過 VTuber 創作探索議題、表達自我，並將專業技能應用於產業與社會議題，為未來的數位內容產業培養更具實戰經驗的新世代人才。

（五）創新應用與跨域整合（Extend）—培養跨界與問題解決能力

在技職體系的大學教育中，學生的學習不應侷限於**專業技術的培養**，更需要具備**跨領域的知識與能力**，以應對社會快速變遷的挑戰。因此，我在課程設計中，特別融入**跨領域學習與跨學科授課**，幫助學生提升整合與應用能力，確保他們在未來職場中能夠具備多元技能與解決問題的能力。

VTuber 教學不僅關乎**技術培養**，更強調**跨領域合作與市場應用**。在**案例二與案例五**中，我嘗試讓學生整合**數位媒體、設計、行銷、社群經營**等多種專業知識，發展可**市場化的 VTuber 角色或地方文化商品**。例如：一組學生透過 **VTuber 角色推廣地方農產品**，結合**短影片行銷與直播活動**，提升品牌的曝光度，成功展現 VTuber 在**地方創生與數位行銷**中的應用價值（Takahashi, 2022）。

此外，在**案例六**中，課程更進一步結合 **AR 技術與文化內容**，讓學生學習如何整合**科技與人文素養**，發展**沉浸式的數位體驗設計**。例如：學生利用 **AR VTuber 作為博物館導覽員**，透過即時互動解說，提升文化內容的趣味性與教育價值，進一步增強**數位文化資產的應用潛力**（Kawakami, 2022）。

對於數位媒體設計系的學生來說，未來的職場不僅需要**視覺創作能力**，更需要具備**市場調研、專案企劃、軟體技術操作、社群媒體行銷經營**等多元能力。因

此，課程設計的核心在於培養學生的**跨領域整合思維**，確保他們能夠靈活運用所學，在產業中具備更強的適應力與競爭力。透過這樣的學習模式，學生不僅能夠創作具有商業價值的 VTuber 角色，也能將數位技術應用於更廣泛的文化與社會領域，為未來的數位內容產業開創更多可能性。

（六）成果發表與實踐應用（Showcase）── 強化學習歷程與未來應用

在教學現場，**成果發表** 並不只是作品的完成或簡單的上台報告，而是一種**面向職場的提案能力訓練**。在實際職場中，「**提案**」是一門學問，也是一門藝術，它決定了專案的成敗，而背後的準備與構思至關重要。因此，我嘗試讓學生在學校的發表演練，並不只是為了獲得學分，而是在培養**專業的態度與表達能力**，這些經驗將預示著未來職場的實際應用情境。

在課堂中，讓學生透過學習「**成果發表**」，學生能夠檢視自身的學習成效，並探索未來的發展機會。在**案例一、案例二與案例六** 中，我帶領學生透過 **VTuber 直播發表、社群經營與 AR 互動展示**，累積實戰經驗。例如：部分學生不僅成功開發了個人 VTuber 頻道，甚至獲得品牌合作機會，進一步將 VTuber 創作轉化為**商業化應用**（Takagi & Nakamura, 2020）。

此外，在 **案例三與案例五** 中，我鼓勵學生透過 **競賽、展覽與產學合作** 拓展專業發展機會。例如：學生團隊透過 **地方創生設計專案**，獲得企業贊助，將 VTuber 角色應用於品牌推廣，進一步提升角色的**商業價值與社會影響力**（Yoshida et al., 2023）。

小結：未來展望

綜合這六大學習歷程發展點，學生們透過 **探索、實作、創新、技能培養、跨領域應用與成果發表** 的循環學習模式，不僅提升了 **VTuber 內容創作的專業能力與設計素養**，更能夠緊密銜接**數位產業趨勢**。這樣的學習架構不僅讓學生在課堂內獲得扎實的技能，也讓他們在實際應用中驗證所學，為未來的職業生涯奠定更穩固的基礎。隨著 **AI 技術、元宇宙、虛擬角色市場的持續發展**，這些經驗與技能將幫助學生在數位時代中掌握更多的機遇，並在未來的數位創意產業中發揮更大的影響力。

三、教學研發成果

在數位科技與創新教育的推動下，VTuber 教學逐步發展出跨學科的學習模式，結合 **STEAM-6E 教育、數位媒體技術、角色設計、AR 互動應用與地方創生** 等領域，提升學生的創新思維與實作能力。以下從 **數位教材設計、跨領域課程研擬、體驗式學習、競賽成果、角色開發與產業應用與地方創生** 六大方向，探討 VTuber 教學研發的成果與未來發展趨勢。

（一）VTuber 數位教材設計：建構數位學習平台

透過 **STEAM-6E 模式**，開發 VTuber **技術實作與角色設計** 教學資源，涵蓋 **3D 建模、動畫製作、動作捕捉、AI 語音生成、直播互動** 等核心技能，並將這些內容整理為 **數位教材**，提供學生自學與專案實作的參考（Maeda, 2021）。此外，結合 **AR + 虛擬角色技術**，建立 **數位教學模組**，使學生能夠在互動式學習環境中探索 VTuber 角色的開發過程，例如透過 AR 觀看虛擬角色示範動作捕捉流程，提升學習的沉浸感與應用能力（Kawakami, 2022）。

（二）跨領域學習：科技、設計、行銷與表演的整合應用

在數位創意產業中，VTuber 角色的成功不僅取決於技術，還涉及 **設計思考、社群行銷、品牌經營** 等多個領域。因此，VTuber 課程設計結合 **數位媒體技術、動畫製作、數位行銷**，讓學生掌握 VTuber **從設計到市場推廣** 的完整流程（Takahashi, 2022）。此外，教學中融入 **環境教育**，開發 **「海洋環保 VTuber 設計專題」**，讓學生從生態觀察到角色設計，學習如何透過虛擬角色傳遞環保概念。例如：創建一位以 **海洋生物為靈感** 的 VTuber，並透過直播推廣海洋保育議題，提升數位角色的社會影響力（Sugimoto, 2021）。

（三）體驗式學習與角色實作專案

為了讓學生在實際應用中學習，課程設計了一系列體驗式學習專案，如：**「奇思妙想—虛擬角色聯想」** 專題中，學生透過 **田野調查、觀察生態特徵、角色造型設計、動畫製作**，打造出具教育意義的 VTuber 角色，並透過 VTuber 直播平台推廣環境保護理念（Matsumoto, 2021）。**「地方創生商品開發」專案**：學生們結

參、教學創新、歷程、成效與貢獻

合**地方文化與 VTuber 角色設計**，運用當地特色元素開發 VTuber 角色，並透過動畫與直播推廣在地品牌。例如：學生團隊設計一位 VTuber 作為地方農產品代言人，以數位方式提升產品的市場價值（Yoshida et al., 2023）。

（四）競賽成果與師生學術成就

參加國內外競賽的意義，不僅在於讓學生的作品能夠在校外獲得更多曝光與肯定，更是**驗證教學成果的重要指標**。透過競賽，學生能夠累積**實戰經驗**，提升個人作品集的亮點，並在與業界標竿的較量中，檢視自身的技術與創意表現。參與競賽的過程猶如**職場的競標專案**，不僅能磨練學生的專業技能，也讓他們提前適應業界的實際運作模式，為未來職場做好準備。

在**數位創意、動畫、科技藝術**等領域，我的學生透過 **VTuber 開發與社群行銷專案** 參與各類競賽，屢獲佳績，並獲得業界的關注。例如：學生團隊在多項 VTuber 相關競賽中脫穎而出，獲得獎項與肯定，其中包括：「**虛擬網紅設計大賽**」系列賽事（台灣虛擬網紅協會舉辦）「**城市商圈篇**」、「**VTuber Boss**」、「**台灣 368 鄉在地特色虛擬代言人設計**」、「**虛擬角色設計競賽**」（台灣數位媒體設計學會舉行）、「**Ai pk Hi 破防秀**」虛擬角色設計競賽（東南科技大學主辦）。

這些競賽成績，不僅**展示了 VTuber 在動畫敘事與品牌應用上的潛力**，也進一步強化了學生在數位內容產業中的競爭力。此外，身為計畫主持人與指導老師，我也獲得了**數位媒體與創新教學領域的獎勵與肯定**，在 **STEAM-6E、數位科技教育** 等領域的研究與實踐成果，為學校在**數位科技教育競爭力** 上再添助力（Takagi & Nakamura, 2020）。

除了競賽成果外，我也指導了多位學生通過**國科會大學生研究計畫**，並成功執行以下研究專案：「**國小兒童對小心夾手警告圖形設計之研究**」（107-2813-C-236-004-H）、「**智慧眼鏡結合擴增實境應用於互動繪本開發設計—以印尼蠟染文化為例**」（110-2813-236-003-H）、「**漫遊古台灣—探討 AR 擴增實境虛擬角色開發設計與實踐**」（111-2813-C-236-001-H）。這些研究專案展現了**大學生在數位創作與研究領域的潛能**，也進一步證明，當學生獲得適當的指導與資源支持時，他們能夠發揮創意，產出具實驗性與創新價值的研究成果。

這些競賽成果與學術成就，都是我多年來**投入教學實務的甜美果實**，非常感謝學校提供的**資源與支持**，讓 VTuber 課程能夠發展並取得亮眼成果。更重要的是，這些經歷證明，**只要用心引導與帶領**，**學生就能夠在數位創意領域取得優異的成績**，並為未來的職業生涯鋪下穩固的基礎。

（五）VTuber 角色造型開發與產業應用

在近幾年的 VTuber 課程中，學生的表現相當亮眼，並在**角色開發與產業應用**方面取得了顯著成果。本校培養出**台灣第一位領取身分證的 VTuber 學生──楠兒**，其於 2018 年成立 **虛擬主播培訓基地**，成為數位媒體領域的一大突破。我也在**國科會計畫**中，成功開發出 **AR 智慧眼鏡的虛擬角色──梅花鹿路子**，這項研究結合**擴增實境技術（AR）**，讓虛擬角色能夠進一步與使用者互動，探索更深層次的數位體驗。

此外，我也與**國立臺灣圖書館**合作，參與**《蕃人觀光日誌》**數位教材製作與應用計畫，以**活化典藏資料**，並開發**相關衍生設計與推廣應用**。在該計畫中，我擔任**共同主持人**，帶領學生與協同廠商合作，開發了**三位台灣原住民頭目的 3D 虛擬人物**，並設計 **AR 虛擬表演舞台**，進一步推動文化數位化的**教學應用**。我們也與高中職校合作，進行試教與教學觀摩，將 VTuber 角色應用於**歷史文化教育**，開啟數位學習的新模式。

在教學現場，學生已經創作了 **超過 20 款 VTuber 角色**，並透過 **AI 生成技術**，開發出獨具特色的角色形象，應用於**數位行銷、動畫產業與品牌代言**。其中，部分學生作品已成功獲得企業合作機會，**完成深坑 VTuber 2D/3D 角色造型開發**，進一步拓展 VTuber 在商業領域的應用。這些案例不僅展現出 VTuber 在品牌塑造與行銷策略上的潛力，也讓學生透過實戰經驗，累積更多產業應用的能力。

此外，我們也透過 **AR + 虛擬角色技術**，開發 VTuber 角色進行**互動式文化導覽**。這些角色能夠透過 **虛擬解說**，帶領觀眾探索**歷史文化場景**，提升 **角色 IP 的市場價值**，並擴展其在**數位教育與觀光導覽**上的應用潛能（Kawakami, 2022）。這些 VTuber 角色不僅成為**虛擬偶像**，更具備**文化推廣、品牌行銷、教育應用**等多重價值，為 VTuber 產業開創更多可能性。

VTuber 角色的開發與應用已不再侷限於**娛樂產業**，而是逐步延伸至 **地方創生、品牌行銷、文化教育與數位導覽** 等領域。透過**課程中的產學合作與專案開發**，學生能夠將所學技術應用於**實際市場需求**，讓 VTuber 成為一種具備**經濟價值與社會影響力**的數位角色。未來，隨著 **AI 技術、VR/AR 應用、數位行銷策略的進步**，VTuber 將持續發展並創造更多創新應用，而學生的學習與實作經驗，將成為他們進入**數位內容產業的最佳跳板**。

（六）地方創生與 VTuber 文化品牌推廣

透過 **設計思考（Design Thinking）**，我們開發出**地方文化 IP 角色**，讓學生結合 **VTuber 設計與動畫敘事**，推廣地方文化商品。例如：學生將 **地方手作工藝、特色農產品、觀光行銷** 與 VTuber 角色結合，使其成為品牌形象代表，以吸引更多年輕族群關注地方產業。透過 **VTuber 直播與社群行銷策略**，學生成功為地方商品設計出數位行銷計畫，並獲得當地企業合作機會，進一步促進地方經濟發展（Takahashi, 2022）。

本校在 **USR（大學社會責任）計畫** 中，以**淡蘭市場**為核心，推動**科技數位文旅典藏服務培力計畫**。該計畫以 「在地連結」與「人才培育」 為核心，2023 年特別以**深坑為主題**，我負責**商品包裝與設計**，並導入 VTuber 角色於**地方商品開發**，實現數位角色在品牌行銷上的應用。

從 **2D 角色設計、3D 建模到動態影音影片製作**，教師與學生團隊攜手合作，進行**研究調查、角色開發與內容製作**。計畫中培訓了**數媒系的優秀學生**，讓他們將所學專業技術應用於**地方產業發展**，不僅促進了**社區文化創新**，更增進學生對於在地文化的認同，進而激發地方創業的可能性。這樣的學習模式，使學生能夠從學術理論轉化為實際應用，透過 VTuber 技術，為地方文化注入新生命。

這樣的學習模式，讓學生能夠從**學術理論轉化為實際應用**，透過 **VTuber 技術為地方文化注入新生命**。未來，隨著**數位行銷與沉浸式技術的進步**，VTuber 角色將持續拓展應用場景，成為推動地方文化與品牌行銷的重要媒介，進一步促進**地方創生與文化資產的數位轉型**。

小結：深化數位教育，提升產業競爭力

這六大教學研發成果展現了 **數位科技、跨領域學習、創意設計與社會應用的結合**，筆者透過 **VTuber 開發、社群行銷、AR 技術、環境教育與地方創生** 等創新應用，讓學生不僅學習技術，更能培養創新思維與應用能力。隨著數位產業的發展，這些 VTuber 教學成果將進一步推動技職教育的數位化轉型，提高學生在**數位科技與創新產業**的競爭力（Yoshida et al., 2023）。

四、教學推廣貢獻

隨著 **AI 技術、元宇宙應用** 及 **數位創新教育** 的發展，虛擬主播（VTuber）已成為新興數位內容產業的重要領域。為了培養學生具備 **創新思維、數位技能與產業競爭力**，教學設計整合 **STEAM-6E 模式、ARCS 動機學習模式、AI 應用、社群行銷、設計思考與永續發展**，推動 **數位學習模式的創新與應用**。本章將從六大面向探討 VTuber 教學推廣的貢獻，並說明如何透過跨領域學習，提升學生的專業素養與社會影響力。

（一）AI 潮流與元宇宙：培養 VTuber 與數位分身開發能力

隨著 **人工智慧（AI）與元宇宙技術** 的發展，VTuber 產業逐步從單純的虛擬角色設計，拓展至 **AI 驅動的數位分身、動態捕捉、虛擬互動**，為未來的數位內容產業開啟更多可能性（Takahashi, 2022）。筆者在教學實踐中，透過 **STEAM-6E 模式** 與 **ARCS 動機學習模式**，讓學生學習 **AI VTuber 技術開發**，包括 **語音合成、表情識別、動作捕捉與互動系統設計**，深入理解 **元宇宙生態與數位角色市場應用**。例如：學生運用 AI 技術訓練 **智能 VTuber 助理**，實現即時回應觀眾問題的功能，進一步探索 AI 內容創作與虛擬社群經營（Kawakami, 2022）。此外，課程也涵蓋 **VTuber 社群行銷與 AI 內容生成**，培養學生掌握 **數位社群運營模式**，提升 **數位內容經濟發展的專業技能**。這不僅讓學生具備未來產業所需的技能，也讓 VTuber 技術應用更具市場價值（Sugimoto, 2021）。

（二）AI-元宇宙前瞻課程開發與設計：構建跨域學習新模式

為了讓學生適應 **AI 與元宇宙技術發展趨勢**，筆者在課程設計採用 **聯想學習**（Associative Learning），結合 **VTuber 設計與數位敘事**，幫助學生在 AI 環境中探索 **角色創意與故事塑造**，提升 **數位敘事能力**。例如：學生學習如何使用 **AI 助理** 協助 VTuber 創作內容，使虛擬角色具備 **語意理解與智能應答能力**，進一步增強與觀眾的互動性（Yoshida et al., 2023）。另一方面，課程也運用 **AR + VR 沉浸式學習**，提供 **身臨其境的虛擬角色開發體驗**，例如：讓學生透過 **虛擬現實（VR）設計 VTuber 角色與動畫場景**，或使用 **AR 技術讓 VTuber 角色與現實環境互動**。這種學習模式不僅強化了 **AI-元宇宙互動科技的應用能力**，也為 **AI 與設計融合教育模式** 奠定基礎（Maeda, 2021）。

（三）產業設計人才培養：鏈結產業與教育合作

VTuber 產業的發展不僅涉及技術層面，更涵蓋 **品牌經營、數位行銷、內容創作與社群互動**。因此，筆者在課程強調 **社群媒體行銷與地方創意設計**，幫助學生學習如何 **打造 VTuber 品牌形象**，並設計 **行銷策略**，提升 VTuber 的市場影響力（Takagi & Nakamura, 2020）。此外，透過 **AI+STEAM-6E 模式**，讓學生掌握 **VTuber 角色開發、動畫製作、直播技術與數位行銷**，提升產業實戰能力。例如：部分學生在課程中成功與品牌合作，開發虛擬代言人，並運用社群平台推動品牌曝光，展現 VTuber 在商業領域的潛力（Matsumoto, 2021）。

（四）跨領域學習模式推廣：創新學習體驗與教育模式

在跨領域學習方面，透過 **STEAM-6E 模式**，筆者讓學生能夠在 **科技、設計、數位內容** 三大領域進行多元學習，強化跨學科整合能力。例如：學生學習 **運用設計思考（Design Thinking）解決地方產業問題**，透過 VTuber 角色設計與動畫敘事，推動地方文化與產品的數位轉型（Takahashi, 2022）。這種 **可複製的教學模組** 可進一步應用於其他學科，讓不同領域的學生透過 **數位工具與 AI 技術** 共同創作，提升創新與實踐能力。

（五）SDGs 永續設計應用：城鄉與海洋永續發展

在**永續發展**的推動上，我根據**聯合國永續發展目標（SDGs）**，關注全球氣候

變遷與海洋生態環境議題，並發現其中蘊含豐富的**造型元素與敘事潛力**。因此，我透過 **海洋生態與 VTuber 設計**，引導學生將**環境議題轉化為數位角色與動畫故事**，提升 **海洋永續教育** 的影響力。

為了讓學生更深刻理解海洋生態，我特別**邀請專家學者**，帶領學生進行**戶外教學與動物觀察**，讓學生親身體驗環境現象，再將其轉化為角色設計。例如：學生設計了一系列 **VTuber 角色**，模擬**海洋生物的特徵與習性**，並透過 **直播與數位內容** 進行**環境倡議**，有效提高大眾對 **海洋保育** 的關注與參與（Yoshida et al., 2023）。這樣的學習方式不僅加深學生對海洋環境的理解，也使 VTuber 成為**數位科技與環境教育結合的創新媒介**。

除了海洋永續發展，我也在 **地方創生專案** 中，帶領學生前往**學校附近村落與偏鄉地區**，透過實地考察，了解地方產業發展的需求，並思考如何運用專業技術來提升這些地區的文化形象。因此，我引導學生運用 **地方文化資源**，開發 VTuber 角色作為**地方產業的數位代表**，透過**數位內容推動地方發展**，落實 **SDGs 城鄉永續發展** 的理念（Kawakami, 2022）。

課程中，學生團隊設計了一款**以地方文化為主題的 VTuber 角色**，並將其應用於**地方品牌宣傳、數位觀光導覽與社群行銷**。這些 VTuber 角色不僅提升了**地方特色的數位可見度**，也透過**創意敘事與互動媒體**，讓年輕世代對地方文化產生更大的認同感與參與度。

SDGs 永續設計不僅是全球趨勢，也是 VTuber 角色開發的全新應用場域。透過**海洋永續教育**與**地方創生專案**，學生不僅能夠學習 **數位角色設計、動畫製作與行銷推廣**，更能將所學應用於**環境保護與文化永續發展**。隨著 **VR、AR、AI 生成技術的進步**，未來的 VTuber 角色將能夠進一步結合**虛擬導覽、沉浸式教育與智慧城市應用**，為數位科技與永續發展帶來更多創新可能性。

（六）虛擬主播推廣學校發展，提升教育品牌影響力

透過 **VTuber 技術與校園品牌形象的結合**，學校成功開發**專屬的校內虛擬主播**，應用於**招生宣傳、線上教育與數位行銷**，大幅提升學校的**數位創新競爭力**。

這些虛擬主播不僅強化了**學校形象**，更讓校園資訊能夠透過**新媒體技術**以更具吸引力的方式傳遞給學生與外界。

例如：學生團隊設計了一款 **海洋環保 VTuber 角色**，透過**直播與互動式內容**推廣環境教育，結合學校的**永續發展理念**，展現學校在**社會責任與環境保育**方面的貢獻（Sugimoto, 2021）。這類型的 VTuber 不僅能夠提升學校的**社會影響力**，還能透過創新的數位媒體形式，讓教育資源觸及更廣泛的受眾，進一步強化**學校的品牌價值與影響力**。

未來，隨著 **元宇宙、虛擬實境（VR）、擴增實境（AR）** 等技術的發展，虛擬主播的應用範圍將更加多元，學校可進一步運用 **VTuber 角色進行沉浸式導覽、數位課程輔助教學、校園活動宣傳** 等應用，為教育發展開創更多創新模式，提升學校在數位時代的競爭力與影響力。

小結：構築前瞻性與實踐價值的教學體系

這六大教學推廣成果透過 **AI 技術、元宇宙應用、數位創新教育、跨領域學習模式、永續發展與教育品牌推廣**，構築了一個 **具備前瞻性與實踐價值** 的教學體系，讓學生在數位時代中具備 **創新思維、專業技能與產業競爭力**，並能為 **社會與產業發展帶來實質影響**（Takagi & Nakamura, 2020）。

五、結論

在數位科技快速發展的時代，教育模式需要不斷創新，以培養具備 **創意思維、技術實作能力與跨領域整合能力** 的新世代人才。筆者於這些年教學實務，透過 **VTuber 技術開發、STEAM-6E 模式、ARCS 動機學習、社群行銷、AI 技術與永續設計** 等多元教學實踐，推動數位創新教育的發展。從 **教學創新設計、學習歷程發展、教學研發成果** 到 **教學推廣貢獻**，筆者於本專書呈現了一套完整的 **跨學科、技術實作與產業應用** 教學體系，並探討其對數位學習與產業發展的影響。

（一）教學創新設計：STEAM-6E 模式與沉浸式學習的應用

創新教學的核心在於設計一個能夠啟發學生思考與實作能力的學習環境。筆

者於研究成果報告中，運用 **STEAM-6E 教學模式**，將 **科學（S）、技術（T）、工程（E）、藝術（A）、數學（M）** 與 **設計思維（Design Thinking）** 相結合，並透過 **探索（Engage & Explore）、體驗（Experience & Explain）、創新應用（Extend）** 來構建完整的學習歷程（Maeda, 2021）。此外，數位媒體技術與沉浸式體驗學習（Immersive Learning）成為 VTuber 教育發展的核心。例如：過 **VR/AR 技術**，學生能夠在模擬環境中學習 **動作捕捉、角色動畫製作、AI 語音合成**，讓學習過程更具互動性與真實感（Takahashi, 2022）。這種教學創新模式，使學生不僅習得技術，更培養了解決問題的能力，並與未來產業需求接軌。

（二）學習歷程發展：從探索到實踐的 VTuber 創新學習

　　數位學習的價值在於如何引導學生從 **知識學習到實踐應用**，形成完整的學習歷程。筆者這些年透過多個研究計畫，透過 **六大學習歷程發展**，確保學生能夠在學習過程中不斷提升技能與創意思維，包括：**探索與發現（Engage & Explore）**：透過問題導向學習（PBL），學生分析 VTuber 產業發展，理解角色設計與市場應用（Sugimoto, 2021）。**體驗與參與（Experience & Explain）**：學生實際經營 VTuber 頻道，學習 **影音製作、直播互動與行銷策略**，並透過 **AR 技術** 進行沉浸式學習（Kawakami, 2022）。**技能培養與實作專案（Evaluate）**：透過 **VTuber 角色設計、AI 語音技術、直播互動**，學生獲得實戰經驗，提升技術應用能力（Matsumoto, 2021）。**成果發表與實踐應用（Showcase & Reflect）**：學生透過 **VTuber 直播發表、數位行銷專案與產學合作**，將學習成果轉化為專業發展機會（Yoshida et al., 2023）。這種學習模式不僅提升學生的數位技能，也強化其創意思維與跨領域合作能力，為未來職涯發展奠定基礎。

（三）教學研發成果：數位內容創新與跨領域應用

　　透過 **數位教材設計、跨領域課程研擬、體驗式學習專案**，筆者積極參加教學實踐研究計畫活動，來推動 **數位創新教育**，提升學生的專業技能與社會影響力。例如：**學生透過 VTuber 技術結合地方創生，將文化故事轉化為數位角色與品牌推廣策略**，展現 VTuber 在 **教育、行銷、社會倡議** 等領域的應用潛能（Takagi & Nakamura, 2020）。此外，**AI 技術與 AR/VR 沉浸式學習的應用**，使 VTuber 角色能

夠進一步融入虛擬導覽、文化教育與品牌行銷，創造更具互動性的數位內容。例如：學生開發 **海洋環保 VTuber**，透過直播推廣環境保護，將數位角色應用於 **社會議題倡議與環境教育**，展現 VTuber 在 **SDGs 永續發展** 方面的潛力（Yoshida et al., 2023）。

（四）教學推廣貢獻：從教育創新到社會影響力

筆者就這些計畫執行中，不僅在教育領域推動創新模式，亦透過 **AI-元宇宙、產業鏈結、永續發展** 等面向，提升 **教學應用的實踐價值**。例如：學生透過 **AI VTuber** 研究 **智能角色互動**，探索 **數位分身技術**，進一步理解 **元宇宙生態**，並為未來的 **數位內容產業鋪路**（Takahashi, 2022）。此外，學生透過 **地方文化 VTuber 角色設計專案**，成功將地方特色轉化為 **數位行銷內容**，為地方創生提供新思維。例如：一組學生透過 **VTuber 直播行銷地方農產品**，成功提升產品曝光度，促進地方經濟發展（Kawakami, 2022）。透過 **STEAM-6E 教學、AI 技術與數位創新應用**，本研究構築了一個 **具備前瞻性與實踐價值的數位教育體系**，讓學生在數位時代具備 **創新思維、專業技能與產業競爭力**，並能為 **社會與產業發展帶來實質影響**（Takagi & Nakamura, 2020）。

總結與未來展望

總結筆者這些年的教學實踐成果，透過 **VTuber 教學模式**，結合 **STEAM-6E、設計思考、AI 技術、沉浸式學習**，讓學生在學習過程中不僅能夠獲取技術，更能夠運用 **數位創新思維解決問題**。未來，隨著 **AI、元宇宙、數位行銷** 的發展，VTuber 技術將在 **教育、娛樂、文化推廣與商業應用** 等領域發揮更大影響。因此，教育者應持續探索 **AI、沉浸式科技與社群行銷** 的教學應用，推動 **跨領域數位創新學習**，讓學生在數位時代具備更強的競爭力。透過 **創意設計、數位技術與產業應用的整合**，VTuber 教學不僅是一種技術學習模式，更是一種 **創新教育的未來發展方向**，為 **數位內容產業培養新世代人才**（Yoshida et al., 2023）。

參考文獻

Chen, L., Wang, J., & Liu, K. (2021). The role of VTubers in digital marketing: A case study of brand engagement. *Journal of Digital Media Studies, 14*(2), 45-62.

Hirano, S., & Yamada, R. (2022). Gamification in VTuber education: Enhancing student engagement through virtual storytelling. *Educational Technology Review, 19*(3), 87-104.

Kawakami, T. (2022). The impact of character design on VTuber popularity. *Asian Journal of Digital Entertainment, 7*(1), 23-39.

Maeda, J. (2021). The role of STEAM education in digital innovation. *International Journal of Education & Technology, 18*(2), 90-112.

Matsumoto, Y. (2021). Learning by doing: The impact of VTuber production courses on student creativity. *Journal of Interactive Media, 15*(4), 56-73.

Sugimoto, H. (2021). Digital identity and self-expression in VTuber culture. *CyberPsychology and Virtual Communication, 8*(2), 112-129.

Takagi, M., & Nakamura, Y. (2020). Building brand loyalty through VTuber engagement. *Journal of Online Communities, 12*(5), 78-95.

Takahashi, K. (2022). The use of VTubers in online education. *Educational Innovation & Technology, 10*(3), 134-148.

Takahashi, K. (2022). The use of VTubers in online education: A case study in Japanese universities. *Educational Innovation & Technology, 10*(3), 134-148.

Yoshida, R., Tanaka, J., & Sato, M. (2023). VTuber as a marketing strategy: Consumer perceptions and brand impact. *International Journal of Digital Business, 21*(1), 65-89.

Yoshida, R., Tanaka, J., & Sato, M. (2023). VTuber as a marketing strategy. *International Journal of Digital Business, 21*(1), 65-89.

虛擬主播 VTuber 實作的創新教學實踐

作　　者／張美春
出 版 者／揚智文化事業股份有限公司
發 行 人／葉忠賢
總 編 輯／閻富萍
地　　址／新北市深坑區北深路三段 258 號 8 樓
電　　話／(02)8662-6826
傳　　真／(02)2664-7633
網　　址／http://www.ycrc.com.tw
 E-mail ／ service@ycrc.com.tw
 I S B N ／978-986-298-442-0
初版一刷／2025 年 2 月
定　　價／新台幣 350 元

＊本書如有缺頁、破損、裝訂錯誤，請寄回更換＊

國家圖書館出版品預行編目（CIP）資料

虛擬主播 VTuber 實作的創新教學實踐 = Virtual YouTuber innovative teaching practice of practical／張美春著. -- 初版. -- 新北市：揚智文化事業股份有限公司, 2025.02
　面；　公分

ISBN 978-986-298-442-0（平裝）

1.CST: 數位學習　2.CST: 虛擬媒體　3.CST: 教學科技　4.CST: 教學研究

521.539　　　　　　　　　　114001371